TATJANA STROBEL
Die hohe Kunst der Selbstdarstellung

Tatjana Strobel

Die hohe Kunst der Selbstdarstellung

GOLDMANN

Verlagsgruppe Random House FSC® N001967
Das für dieses Buch verwendete FSC®-zertifizierte Papier
Profimatt liefert Sappi, Ehingen.

1. Auflage
Originalausgabe April 2014
© 2013 bei Wilhelm Goldmann Verlag, München
in der Verlagsgruppe Random House GmbH
Umschlaggestaltung: UNO Werbeagentur, München
Umschlagmotiv: FinePic, München
Lektorat: Judith Mark
Fotografie: Tobias Geissler, Geisslerpics
SG · Herstellung: cb
Satz: EDV-Fotosatz Huber/Verlagsservice G. Pfeifer, Germering
Druck: Print Consult, München
Printed in Slovenia
ISBN: 978-3-442-22052-6

www.goldmann-verlag.de

Inhalt

Vorwort
Von Stuhlsägearbeiten, Hinterhältigkeiten und wie ich
mein Leben in die eigenen Hände nahm   7

Kapitel 1
Achtung, sie sind unter uns! Was Arschlöcher auszeichnet
und woran man sie erkennt   15

Kapitel 2
Nicht mit mir! Was uns kränkbar macht und wie Sie sich
immunisieren können   37

Kapitel 3
FORMEL »Ich« – was gute Selbstdarstellung ausmacht . . .   81
   F – Finden Sie zu Ihrem Potenzial   83
   O – Orientieren Sie sich an Ihrer Einzigartigkeit   94
   R – Richten Sie sich neu aus   131
   M – Machen Sie die ersten Schritte   160
   E – Erfinden Sie sich immer wieder neu   187
   L – Lieben Sie das, was Sie tun   232

Zum Schluss …   249

Anhang................................... 251
 Checkliste für den optimalen ersten Eindruck, bei dem
 Sie Selbstbewusstsein vermitteln und Sympathiepunkte
 sammeln............................... 251
 Welche Werte sind Ihnen wichtig?................. 252
 Literatur................................ 256

Vorwort

Von Stuhlsägearbeiten, Hinterhältigkeiten und wie ich mein Leben in die eigenen Hände nahm

Noch vor sechs Jahren mühte ich mich Tag für Tag im Hamsterrad ab. Ich war fest angestellt und in leitender Position tätig. Schön fand ich mein Leben trotzdem nicht. Immer wieder sah ich mich Angriffen aus dem Hinterhalt ausgesetzt, musste Manipulationsversuche abwehren und Strategien in die Tat umsetzen, mit denen ich ganz und gar nicht einverstanden war.

Mein damaliger Vorgesetzter war in meinen Augen alles andere als ein Menschenfreund. Er betrachtete andere nur als Funktionsträger, die Umsatz zu bringen hatten, und vermittelte mir zuverlässig das Gefühl, dass er selbst alle anstehenden Aufgaben ohnehin am besten lösen konnte. Emotionen, so schien es, waren sein größter Feind. Sie brachten nichts als Unklarheit und kosteten Effektivität. Irgendwann beschloss ich zu kündigen. Darauf, wie es dazu kam, werden wir in diesem Buch noch zu sprechen kommen.

Nach meiner Kündigung habe ich mich selbstständig gemacht. Und inzwischen weiß ich, dass dies das Beste war, was mir passieren konnte. Schon nach kurzer Zeit kehrten Leichtigkeit und Kreativität in mein Leben zurück. Und ja, auch Freiheit – auch wenn ich weiß, dass diese Dinge subjektiv sehr verschieden empfunden werden. Heute entscheide ich, mit welchen Menschen ich zusammenarbeiten möchte. Die Einschüchterer, Unterdrücker und Besserwisser sind weitgehend aus meinem Leben verschwunden. Gleiches gilt für Manipulateure und Ideendiebe – all die Arschlöcher eben, die nicht nur mir das Leben jahrelang schwer gemacht haben.

Aus meiner Tätigkeit als Coach weiß ich, dass es nur wenige Menschen gibt, die von dieser Spezies vollkommen verschont bleiben. Es lohnt sich, sich mit diesen Leuten einmal näher zu befassen und ihr Verhalten genauer unter die Lupe zu nehmen. »Wie bitte – ich soll mich also nach Feierabend noch mit dem Vorgesetzten, der Kollegin befassen, die ich herzlich wenig leiden kann?!«, werden Sie sich und mich nun möglicherweise fragen. Meine Antwort lautet: Ja – trauen Sie sich. Denn dann kommen Sie den Tricks und Manipulationstechniken dieser Leute auf die Spur ... und können sich zunehmend besser davor schützen (oder sich abschauen, was die Arschlöcher eben auch auszeichnet).

Sie wissen: Jeder von uns sendet ununterbrochen Botschaften an andere Menschen aus – bewusst und unbewusst, sprachlich und ohne Worte. Auch Arschlöcher brauchen gewissermaßen eine Einladung – sie spüren in der Regel sehr genau, wen sie manipulieren, kleinmachen und austricksen können. Lange habe ich nicht verstanden, dass mein eigenes Verhalten, meine Ausstrahlung, meine Äußerungen und eine bestimmte Seite meiner Persönlichkeit mit dazu beigetragen haben, dass ich bei meinem Vorgesetzten einen so schweren Stand hatte. »Jetzt soll ich auch noch selbst schuld sein, dass mein Chef, die Kollegin so mies sind!«, werden Sie jetzt vielleicht denken. Mir geht es allerdings nicht um Schuldfragen. Ich möchte Sie vielmehr dazu ermutigen, einen genaueren Blick auch auf sich selbst zu riskieren. Denn auch das kann sehr lohnend sein.

Ich freue mich, wenn Sie mich durch die nächsten Kapitel begleiten möchten. Dann wird auch deutlicher werden, was ich meine. Bevor wir aber tiefer in die Materie einsteigen, möchte ich Sie zu einem kleinen Test einladen: Wie ist es um Ihre Fähigkeit zur Selbstdarstellung bestellt? Welcher Typ sind Sie? Das Alphatier, das jeden unmissverständlich sehen und spüren lässt, wo der Hammer hängt? Der Entertainer, der alle mit seiner Leichtigkeit ansteckt? Der Reflektierte, der genau abwägt und seine Handlungen überdenkt? Oder der Unsichtbare, der schüchtern, zurückhaltend und in sich gekehrt agiert?

Beantworten Sie die folgenden zehn Fragen nach bestem Wissen und Gewissen. Welche Aussage trifft Sie am besten? Wo finden Sie sich wieder?

1. Bei Meetings und Konferenzen ...
   a) ... mache ich mich unsichtbar, damit ich ja nichts sagen muss.
   b) ... habe ich stets das Heft in der Hand und steuere das Gespräch gezielt nach meinem Gusto.
   c) ... bringe ich mich bei geeigneter Gelegenheit ein.
   d) ... lockere ich die Atmosphäre mit witzigen Sprüchen und Anekdoten auf.

2. Wenn ich eine tolle Idee habe, die das Unternehmen weiterbringen könnte, ...
   a) ... bringe ich sie gleich zur Sprache und setze sie um.
   b) ... verpacke ich sie witzig und informativ, um auf diese Weise möglichst viel Zustimmung zu ernten.
   c) ... behalte ich sie für mich, da sie eh niemanden interessiert.
   d) ... spreche ich mit meinem Vorgesetzten darüber – der kann die Sache am besten promoten.

3. Im Team ...
   a) ... bin ich stets der Mittelpunkt des Geschehens.
   b) ... werde ich geachtet und bei wichtigen Themen nach meiner Meinung gefragt.
   c) ... wird stets alles bei mir abgeladen.
   d) ... werde ich für meinen fachlichen, durchdachten Rat geschätzt.

4. In meiner Freizeit ...
   a) ... bin ich gerne für all meine Freunde und Bekannten da.
   b) ... bestimme ich, was gemacht wird.
   c) ... gelte ich als Stimmungsmacher und guter Unterhalter.
   d) ... überlege ich mir ganz genau, womit ich meine Zeit verbringe.

5. Sportliche Aktivitäten ...
   a) ... absolviere ich gerne im Team.
   b) ... betreibe ich vor allem aus gesundheitlichen Gründen.
   c) ... benötige ich, um immer wieder an meine Grenzen zu gehen.
   d) ... helfen mir dabei, unter die Leute zu kommen und neue Kontakte zu knüpfen.

6. Meine Karrierewünsche ...
   a) ... bespreche ich nur mit meinem Vorgesetzten.
   b) ... tue ich allen kund, die mir über den Weg laufen.
   c) ... verpacke ich witzig und wiederhole sie häufig.
   d) ... behalte ich für mich, weil ja ohnehin nichts daraus wird.

7. Wenn sich jemand mit meinen Ideen brüstet, ...
   a) ... schreite ich sofort ein und kläre die Situation.
   b) ... spreche ich den »Dieb« in einem Vier-Augen-Gespräch darauf an.
   c) ... erkläre ich auf lustige Art meinen Anteil an der Idee.
   d) ... verkrieche ich mich und fühle mich betrogen.

8. Wenn mir in einer Besprechung etwas Wichtiges durch den Kopf schießt, ...
    a) ... warte ich, bis ich das Wort erhalte.
    b) ... denke ich so lange darüber nach, dass ich mich schließlich gar nicht mehr traue, darüber zu sprechen.
    c) ... muss es auch sofort raus, egal, wer gerade das Wort hat.
    d) ... bringe ich es auf lustige, unterhaltsame Weise ein.

9. Von mir selbst ...
    a) ... bin ich in allen Lebensbereichen sehr überzeugt.
    b) ... halte ich nicht sehr viel.
    c) ... habe ich eine ausgewogene Meinung: Ich habe Stärken und Schwächen und weiß, was ich kann – und was nicht.
    d) ... bin ich begeistert, ich mag mich mit all meinen Eigenarten.

10. In Konfliktsituationen ...
    a) ... versuche ich herauszufinden, wer welchen Anteil hatte und wie man den Konflikt lösen könnte.
    b) ... versuche ich die Atmosphäre durch Scherze zu entspannen.
    c) ... werde ich durch gezielte Ansprache den Konflikt lösen.
    d) ... versuche ich mich unsichtbar zu machen, weil ich Unstimmigkeiten nicht ertragen kann.

Auswertung:

	1	2	3	4	5	6	7	8	9	10
a	D	A	B	D	D	C	A	C	A	C
b	A	B	A	A	C	A	C	D	D	B
c	C	D	D	B	A	B	B	A	C	A
d	B	C	C	C	B	D	D	B	B	D

Wo haben Sie nun die meisten Übereinstimmungen?
Bei A? Dann sind Sie ein Alphatier.
Bei B? Dann sind Sie der Entertainer.
Bei C? Dann sind Sie ein Mensch vom Typus des Reflektierten.
Oder bei D? Dann sind Sie der Unsichtbare.

Menschen vom Typus des *Alphatiers* sind die geborenen Anführer. Der Begriff stammt aus der Biologie – Alpha als erster Buchstabe des griechischen Alphabets bezeichnet den- oder diejenige, der/die an erster Stelle steht. An Durchsetzungskraft und Selbstvertrauen scheint es Ihnen nicht zu mangeln. Sie besitzen eine natürliche Autorität und lassen sich von Sticheleien, Provokationen und Angriffen nicht so schnell ins Bockshorn jagen. Es ist Ihnen wichtig, Ihre Meinung zu äußern, und auch mit konstruktivem Feedback halten Sie nicht hinterm Berg. Andere schauen zu Ihnen auf, für manche sind Sie auch Vorbild. Die Lektüre dieses Buches wird Ihnen dabei helfen, hinter Ihre eigene Fassade zu schauen, um sich und andere besser zu verstehen und Zusammenhänge erkennen zu können, für die Sie bisher kein Auge hatten.

Der *Entertainer* ist ein Mensch, der durch Lockerheit und Humor, gepaart mit einer rednerischen Begabung, andere Menschen begeistert und fesselt. Ihnen fällt es leicht, die Aufmerksamkeit anderer zu erhalten. Sie wissen: Nichts erreicht Menschen direkter und hinterlässt positivere Spuren als erheiternde Pointen – sie zu setzen ist für Sie kein Problem Das vorliegende Buch kann Sie unterstützen, dabei authentisch bei sich selbst zu bleiben und noch mehr Fingerspitzengefühl zu entwickeln. Dann können Sie Ihre Begabung optimal für sich selbst und zum Nutzen aller einsetzen. Sollten Sie dem Typus des *Reflektierten* zuzurechnen sein, geben Sie höchstwahrscheinlich nicht gerne spontan etwas von sich preis. Sie denken gern nach, bevor Sie etwas sagen. Sie wägen das Pro und Contra ab und versuchen abzuschätzen, welche Reaktionen Sie mit Ihren Äußerungen erzielen werden. Strukturiert vorzugehen ist Ihnen sehr wichtig. Sie

haben einiges an Kompetenzen zu bieten, tun sich aber schwer damit, anderen zu zeigen, was Sie können. Trauen Sie sich in Sachen Selbstdarstellung ruhig mehr zu! Das vorliegende Buch kann Ihnen dabei helfen.
Wenn Sie ein Mensch vom Typus des *Unsichtbaren* sind, wurschteln Sie gern unbeobachtet vor sich hin. Sich von anderen beobachtet zu fühlen ist Ihnen sehr unangenehm. Haben Sie sich einmal gefragt, warum das so ist? Warum fällt es Ihnen so schwer, mit Ihrer Arbeit, Ihrer Persönlichkeit zu glänzen? Sind Sie sich all Ihrer individuellen Stärken vielleicht gar nicht bewusst? Das wird nach der Lektüre dieses Buches anders sein.

Sie sollten nun in etwa wissen, wo Sie in Sachen Selbstdarstellung stehen und an welchen Stellen es Nachholbedarf gibt. Möglicherweise entsprechen Sie auch nicht ganz klar einem der oben beschriebenen Typen, sondern haben beispielsweise Anteile des Alphatiers und des Entertainers oder aber des Reflektierten und des Unsichtbaren bei sich festgestellt. Mischtypen sind natürlich immer möglich – schließlich gleicht kein Mensch dem anderen. Bevor wir uns an die praktische Arbeit machen, lassen Sie uns doch noch einen Blick darauf werfen, was die Einschüchterer und Manipulateure, die Besserwisser und Unterdrücker, kurz: die Arschlöcher in unserem Leben denn eigentlich ausmacht.

Kapitel 1

Achtung, sie sind unter uns! Was Arschlöcher auszeichnet und woran man sie erkennt

Eines vorweg: Wir sind alle keine Heiligen. Wenn wir ehrlich sind, müssen wir uns eingestehen, dass jeder von uns das Potenzial in sich trägt, sich so richtig mies zu benehmen. Ob wir aber nur gelegentlich (beispielsweise unter Druck) aus der Rolle fallen oder gewohnheitsmäßig andere Menschen schlecht behandeln, macht einen großen Unterschied.

Wie steht es also mit Ihnen? Tendieren Sie eher in Richtung Gutmensch, der am liebsten sich selbst verbiegt, um es anderen recht zu machen? Oder benehmen Sie sich gelegentlich daneben, wenn die Umstände Sie in die Enge treiben? An dieser Stelle sei schon einmal verraten, dass es immerhin zehn Kriterien gibt, die erfüllt sein müssen, wenn man als richtig unangenehmer Zeitgenosse gelten will, als amtliches Arschloch sozusagen.

Trauen Sie sich herauszufinden, wie viel von einem Arschloch Sie in sich tragen? Dann los! Beantworten Sie die folgenden zwölf Fragen nach bestem Wissen und Gewissen. In welchen der Aussagen erkennen Sie sich wieder?

1. Ihr Kollege sieht etwas mitgenommen aus. Wie verhalten Sie sich?
   a) Sie sagen ihm ganz direkt ins Gesicht, dass er übel aussieht, und stellen die Frage, wie man so ins Büro kommen kann.
   b) Sie nehmen ihn beiseite, fragen ihn, was los ist, und bieten Ihre Hilfe an.
   c) Sie führen ihn vor allen Kollegen und den Chefs vor: »Mensch Müller, Sie haben auch schon besser und motivierter ausgesehen! Wächst Ihnen die Arbeit über den Kopf?«

2. Ihr Chef hat vertrauliche Unterlagen mit für Sie wichtigen Inhalten im Meetingraum vergessen. Was machen Sie?
   a) Sie bringen ihm die Sachen und wahren damit seine Privatsphäre.
   b) Natürlich lesen Sie die Unterlagen und nutzen die Inhalte zu Ihrem Vorteil.
   c) Sie behalten die Unterlagen, nutzen sie zu Ihrem Vorteil und überlegen, ob sich eine Möglichkeit bietet, Ihrem Chef mit Hilfe der neu gewonnenen Informationen eins auszuwischen.

3. Sie ärgern sich über eine Person in Ihrem nahen Umfeld, von der Sie sich hintergangen und verletzt fühlen. Wie gehen Sie damit um?
   a) Sie rücken der betreffenden Person in Gegenwart anderer körperlich auf die Pelle und sagen laut und deutlich, dass man Sie so nicht behandeln kann.
   b) Sie vereinbaren ein Gespräch unter vier Augen, in dem Sie äußern, welche Bedürfnisse und Erwartungen Sie in Bezug auf das Miteinander haben.

c) Sie zeigen der anderen Person deutlich, dass Sie verletzt sind, indem Sie sich ihr gegenüber unfreundlich und distanziert verhalten.

4. Einschüchterungen und Drohgebärden …
   a) … lehnen Sie ab! Sie versuchen, auf liebevolle und einfühlsame Weise die Aufmerksamkeit Ihrer Mitmenschen zu gewinnen.
   b) … sind manchmal unentbehrlich, um zu erreichen, was man will.
   c) … sind ein fester Bestandteil Ihres Verhaltensrepertoires.

5. Herabsetzende Äußerungen über andere …
   a) … tarnen Sie als sarkastische Witze und amüsante Hänseleien.
   b) … verkneifen Sie sich grundsätzlich.
   c) … rutschen Ihnen ab und zu heraus, meist in Form kleiner Sticheleien.

6. In schriftlicher Form …
   a) … äußern Sie sich meist sachlich, wenn auch mit kleinen Spitzen versehen.
   b) … sind Sie mit verbalen Angriffen zurückhaltend.
   c) … halten Sie mit Ihren Gefühlen nicht hinter dem Berg. Was raus muss, muss raus.

7. Ihr Gegenüber ist eindeutig schwächer als Sie. Was tun Sie?
   a) Sie reiben es dem oder der Betreffenden ab und an unter die Nase.
   b) Sie nutzen diesen Umstand weidlich aus und geben Ihrem Gegenüber verbal und nonverbal immer wieder zu verstehen, was für ein Loser er/sie ist.
   c) Sie begeben sich auf eine Ebene mit Ihrem Gesprächspartner.

8. Wenn Menschen Fehler machen, ...
   a) ... muss das öffentlich zur Sprache kommen, damit so etwas nicht immer wieder passiert.
   b) ... ist das nicht verwerflich, so etwas kann schließlich jedem mal passieren.
   c) ... kommt es auf die Tragweite des Fehlverhaltens an. Kleine Fehler kann man durchgehen lassen, große müssen öffentlich gemacht werden.

9. Wenn andere über ihre Ideen sprechen, ...
   a) ... wägen Sie das Gesagte ab und unterbrechen Sie, wenn Sie eine Idee für nicht durchführbar halten.
   b) ... hören Sie aufmerksam zu, um sich am Ende eine Meinung zu bilden.
   c) ... unterbrechen Sie rigoros, weil so etwas doch nie zielführend ist und unnötig Zeit kostet.

10. Macht- und Statusdenken ...
    a) ... sind bei Ihnen kaum vorhanden.
    b) ... sind wichtig für Sie. Insbesondere schwächere Menschen sollen merken, dass Sie wer sind.
    c) ... sind sehr ausgeprägt. Sie möchten in jeder Situation zeigen, wo der Hammer hängt.

11. Sie behandeln andere Menschen gerne ...
    a) ... individuell, einfühlsam und empathisch.
    b) ... distanziert und sachlich.
    c) ... so, dass sie gleich merken, dass man vor Ihnen Respekt haben muss.

12. In Beziehungen …
    a) … halten Sie sich gern ein bisschen bedeckt – man soll schließlich sein Herz nicht auf der Zunge tragen.
    b) … kann man Sie niemals einschätzen, heute hü und morgen hott, es macht Ihnen Spaß, unberechenbar zu sein.
    c) … stehen Sie zu Ihrem Wort und sind berechenbar und zuverlässig.

Auswertung:
Bitte übertragen Sie nun Ihre Antworten in die Tabelle.

	1	2	3	4	5	6	7	8	9	10	11	12
a	B	C	A	C	A	B	B	A	B	C	C	B
b	C	B	C	B	C	C	A	C	C	B	B	C
c	A	A	B	A	B	A	C	B	A	A	A	A

Sie haben bei den meisten Fragen die A-Antwort angekreuzt? Ups – dann zählen Sie höchstwahrscheinlich zu den richtig fiesen Zeitgenossen (keine Sorge, das bleibt unter uns …). Ganz im Ernst: Ihr Umgang mit anderen Menschen lässt schwer zu wünschen übrig. Was mich stutzig macht, ist zum einen, dass Sie dieses Buch in die Hand genommen haben, und zweitens, dass Sie den Test gemacht haben. Beides war mutig, und ich vermute bei Ihnen den Wunsch zur Veränderung. Dazu ist wichtig, dass Sie sich selbst auf die Spur kommen. Warum verhalten Sie sich anderen gegenüber so? Woher kommt es, dass Sie alles im Leben unter Konkurrenz-Gesichtspunkten sehen? In Sachen Selbstdarstellung macht Ihnen ja keiner etwas vor – aber vielleicht sind für Sie diejenigen Teile des vorliegenden Buches gewinnbringend, in denen Sie nachlesen können, wie Sie Selbstliebe und echte Authentizität entwickeln.

Sie haben die meisten Punkte bei B? Dann sind Sie so eine Art Teilzeit-Arschloch, will heißen: Sie fallen ab und zu so richtig aus der Rolle. Einen Heiligenschein werden Sie sich damit nicht verdienen, aber immerhin kann man sagen, dass Sie ehrlich zu Ihren eigenen Ecken und Kanten stehen. An Durchsetzungsvermögen mangelt es Ihnen nicht, nur fühlen andere sich von Ihnen leider ab und an überfahren. Nutzen Sie dieses Buch, um Ihre Fähigkeit zur Einfühlung in andere weiterzuentwickeln. Empathie ist keine Krankheit, sondern eine Eigenschaft, mit deren Hilfe Sie im Leben noch mehr erreichen können als mit der Hauruck-Methode – und Sie machen sich dabei auch noch Freunde anstatt Feinde. Klingt doch gut, oder?

Sie haben vor allem C-Antworten? Dann sind Sie ja noch nicht mal ein Hobby-Arschloch. Sie scheinen ein richtiger Menschenfreund zu sein, voller Empathie und Güte. Jetzt mal ehrlich: Ist das so? Haben Sie keine eigene Meinung? Brechen bei Ihnen nicht auch ab und an Wut, Trauer, Frustration, Neid und Ärger durch? Was machen Sie mit diesen Gefühlen? Vergraben Sie sie irgendwo tief in Ihrem Inneren? Vorsicht! Das ist nicht so gesund. Es ist absolut nichts Verwerfliches daran, seine eigenen Bedürfnisse und Wünsche zu vertreten. Lernen Sie in den folgenden Kapiteln, sich selbst mehr Raum auch nach außen zu geben – zum amtlichen Arschloch mutieren Sie damit noch lange nicht. Sie werden aber viel eher wahrgenommen, respektiert und wertgeschätzt …

Die zehn Strategien, die Arschlöcher nutzen, um andere kleinzumachen

Was zeichnet die richtigen Arschlöcher denn nun aus? Das Online-Lexikon *Wikipedia* vermerkt, dass »Arschloch« gerne als nicht genau abgrenzbares Schimpfwort gebraucht und zur Bezeichnung von Menschen eingesetzt wird, die sich selbst übermäßig erhöhen, während sie andere herabsetzen. Aaron James, ein amerikanischer Philosoph, der an der University of California lehrt, definiert Arschlöcher auf der Basis seiner langjährigen Studien als größtenteils männlich. Arschlöcher, so James, sind Männer, die sich ständig auf Kosten anderer Vorteile verschaffen aus dem tief verwurzelten Gefühl heraus, dies stehe ihnen zu. Dieses Gefühl führt auch dazu, dass sie sich aus den Beschwerden anderer Menschen nichts machen. Sie glauben, einfach die wichtigeren Menschen zu sein. Der Stanford-Professor Robert Sutton hat ein Buch mit dem Titel *Der Arschloch-Faktor* geschrieben. Für ihn sind Arschlöcher die Wichtigtuer, Intriganten, Tyrannen und Egomanen, die für andere eine tägliche Zumutung darstellen und in ihrem Umfeld beträchtliche materielle und seelische Schäden anrichten.

Wahrscheinlich haben Sie die einschlägigen Strategien der amtlich attestierten Arschlöcher bereits im Test erahnt. Im Folgenden fasse ich sie noch einmal zusammen. Es sind zehn an der Zahl, und je mehr davon Sie bei einem Ihrer Mitmenschen erkennen, desto deutlicher ist der »A-Faktor« ausgeprägt.

Strategie 1: Wer wird denn so empfindlich sein?! Beleidigungen und persönliche Angriffe

Ein richtiges Arschloch wird jeden Menschen, der ihm gefährlich werden könnte, ihm zu nahe kommt oder einfach nur zur falschen Zeit am falschen Ort ist, gnadenlos angehen.

Ich hatte mal einen Vorgesetzen, dessen bissige und destruktive Kommentare sich vor allem auf die äußere Erscheinung seiner Mitarbeiterinnen konzentrierten. Sie wollen eine Kostprobe? Aber gerne: »Gab es das Kleid in Ihrer Größe nicht mehr?« war eine seiner Lieblingsfragen, oft ergänzt etwa durch nähere Erläuterungen wie: »Wenn Sie weiter so zunehmen, wird sicher die Leasingrate Ihres Dienstwagens erhöht, weil danach Polster und Stoßdämpfer ausgetauscht werden müssen!«, oder auch: »Dass bei Ihnen überhaupt jemand rangeht – unglaublich ...«

Strategie 2: Ran an die Privatsphäre der anderen!

Der Schutz der Privatsphäre ist im deutschen Grundgesetz unter »allgemeinem Persönlichkeitsrecht« (Art. 1, Absatz 2) geregelt: Jeder Mensch hat das Recht, in einem abgesteckten Bereich seine Persönlichkeit voll entfalten zu können, sich frei und ungezwungen verhalten zu können, ohne dass Dritte von seinem Verhalten Kenntnis erlangen oder ihn beobachten bzw. abhören dürfen. Die überwiegende Mehrzahl der Menschen achtet dieses Recht und wahrt anderen gegenüber die Grenzen der Diskretion. Man klopft beispielsweise an, bevor man ein Büro betritt, man fragt andere nicht aus, man holt nicht bei Dritten Informationen über sie ein usw.

Arschlöcher schaffen es immer wieder, sich über diese Grenzen hinwegzusetzen und sich private Informationen über andere Menschen zu beschaffen – sei es durch mehr oder weniger gut getarntes Aushorchen oder über Dritte. Ihr Wissen nutzen sie dann für ihre Zwecke.

Eine sehr erfolgreiche, durchsetzungs- und willensstarke Kundin von mir hat in jungen Jahren eine klassische Drogenkarriere bis zum Obdachlosendasein erlebt. Irgendwann hat sie den Absprung geschafft und ihr Leben wieder selbst in die Hand bekommen. Das dunkle Kapitel ihrer Jugend umging sie im beruflichen Kontext sorgsam – bis zu einem schwachen Moment auf einer Betriebsfeier, in dem sie ihrer Chefin davon erzählte. Sie können sich sicherlich denken, was danach passierte: Die Chefin nutzte die Informationen, um ihre Mitarbeiterin unter Druck zu setzen und zu manipulieren.

Strategie 3: Das stört Sie doch nicht, oder? Körperliche Belästigungen

Jeder Mensch kennt drei sogenannte Distanzzonen, das heißt: Je nachdem, wie gut er eine andere Person kennt, und in Abhängigkeit von der jeweiligen Situation lässt er andere unterschiedlich nahe an sich heran. Die »öffentliche Distanzzone« reicht in den westlichen Kulturen von etwa 80 Zentimetern bis zu einem Meter Abstand. Sie gilt im Umgang mit Menschen, die man nicht oder noch nicht lange kennt, sowie im Kontakt mit Respektspersonen. Die »persönliche Distanzzone« umfasst einen Abstand zum anderen von etwa 30 bis 80 Zentimetern. So nah dürfen uns Menschen kommen, die wir kennen und schätzen. Die »Intimzone« schließlich – 30 Zentimeter und alles, was darunter liegt – ist Menschen vorbehalten, denen wir im Wortsinne sehr nahestehen. Arschlöcher lieben es, anderen auf die Pelle zu rücken, mit unangebrachten Berührungen in ihre Intimzone einzudringen und auf diese Weise ihr Macht- und Drohpotenzial zu demonstrieren.

Eine meiner Kundinnen, eine Arzthelferin, wird von ihrer Chefin in unbeobachteten Augenblicken immer wieder unsittlich an Busen oder Po berührt und mit erotischen Phantasien von einem »Dreier« belästigt. Meine Kundin ist als allein erziehende Frau auf den Job angewiesen, und das weiß die Chefin …

Strategie 4: Sie machen jetzt, was ich sage! Einschüchterungen und Drohgebärden

Lassen Sie uns noch kurz bei meiner eben erwähnten Kundin bleiben: Sobald sie versucht, die sexuellen Übergriffe abzuwehren, geht ihre Chefin zu mehr oder weniger offenen Drohgebärden über (»Sie wissen ja sicher, dass es viel mehr qualifizierte Arzthelferinnen als freie Stellen gibt …«). Beliebt in solchen Zusammenhängen ist auch das Erwähnen guter Kontakte zur Personalabteilung oder das Pochen auf den höheren Rang in Unternehmen und Gesellschaft.

Strategie 5: Über andere lacht sich's am besten: Sarkastische Bemerkungen und hämische Witze

Arschlöcher würzen ihre Äußerungen gern mit kleineren oder größeren Boshaftigkeiten auf Kosten anderer. So weiß ich von einem Hochschuldozenten im Fach Mathematik, der seine Vorlesung immer mal wieder gerne beschließt mit den Worten: »Wer das jetzt nicht verstanden hat, der kann sich gleich die Kugel geben«, um dann nach einer Kunstpause fortzufahren: »Die Schokoladenkugel natürlich.« Hach, wie witzig.

Auch wenn das Witzchen harmlos scheint: Sie können davon ausgehen, dass solche und ähnliche Sarkasmen immer auch ein Körnchen Wahrheit enthalten. Ich würde jederzeit darauf wetten, dass der betreffende Dozent seine Lehrverpflichtung nicht übermäßig schätzt …

Strategie 6: Drohen aus der Ferne – per E-Mail und SMS

Eine gute Bekannte von mir hat einen Tag vor Heiligabend eine überaus charmante SMS von ihrem Vorgesetzten bekommen. Darin wünschte er ihr und ihrer Familie schöne Festtage und betonte, wie gut man doch in den vergangenen Monaten zusammengearbeitet habe. Zwar sei er persönlich nach wie vor der Meinung, dass für ihre Stelle eine andere Person besser geeignet gewesen sei, doch man werde auch in Zukunft sicher das Beste daraus machen. Sie können sich denken, wie meine Bekannte das Weihnachtsfest verbrachte …

Strategie 7: Unterbrechen, Ideen zerreden, mangelndes Feingefühl

Auch sehr beliebt bei Arschlöchern: Alles kaputt machen, was andere einbringen. Eine ganz wunderbare Kundin von mir arbeitet als Marketingchefin in einem Arzneimittelkonzern. Ihr Chef tut sich schwer mit dem, was sie leistet. Alle Ideen, die von ihr kommen, werden von ihm im Keim erstickt. Gerne versucht er auch im Vorfeld von Meetings, sie dazu zu bringen, dass sie ihre Einfälle erst gar nicht zur Sprache bringt. Tut sie es doch, versucht er, ihre Ideen als die seinen auszugeben. Wenn sie ihn darauf anspricht, streitet er alles ab und geht zum Frontalangriff über: Wie sie darauf komme, dass ihre wirklichkeitsfremden Ideen ihn so sehr interessierten? Häufig fügt er bei dieser Gelegenheit noch ein paar andere Dinge an, die ihn an der Arbeit meiner Kundin stören – doppelt genäht hält eben besser …

Strategie 8: Was glauben Sie, wer Sie sind? Herabsetzungen und öffentliche Demütigungen

Ein probates Mittel von Arschlöchern besteht darin, andere öffentlich vorzuführen. »Wie, Sie haben für Ihre Präsentation keine Unterlagen vorbereitet? Ja, ich weiß, dass Sie sich nur sehr kurzfristig auf unser Meeting vorbereiten konnten, aber in Ihrer Position sollten Sie solchen Anforderungen locker gewachsen sein! Und überhaupt: Wer soll aus Ihrem Kauderwelsch eigentlich schlau werden? Nehmen Sie Ihre Aufgabe eigentlich ernst genug?« Das alles, nachdem der oder die SprecherIn kaum fünf Sätze gesagt hat. Ich war selbst Zeugin des zitierten Angriffs – und ich verstehe sehr gut, dass man sich angesichts solch demütigender Anschuldigungen nur noch lautstark zur Wehr setzen oder aber aus dem Raum laufen möchte. Leider werden beide Reaktionen von den ebenfalls anwesenden Menschen erfahrungsgemäß als Bestätigung der Vorwürfe interpretiert.

Strategie 9: Doppelte Botschaften

»Na, nun kriegen Sie doch nicht gleich so einen Schreck! Wir wissen doch alle, dass Sie eine tüchtige Mitarbeiterin sind!« Was ist das nun? Wird hier Mut zugesprochen und gelobt oder doch eher jemand verspottet und herabgesetzt? Arschlöcher lieben solche doppelten Botschaften – wohl wissend, wie sehr sie den Empfänger verunsichern können. Bei Rückfragen haben sie natürlich stets nur das Beste gewollt und gemeint. Wer uneindeutig kommuniziert, ist unberechenbar und unangreifbar.

Strategie 10: War da noch was? Bewusstes Ignorieren

Das Bedürfnis, wahrgenommen und beachtet zu werden, ist etwas Grundmenschliches. Arschlöcher machen sich dies zunutze, indem sie andere bewusst missachten.

Wenn man uns wie Luft behandelt, ignoriert, beiseiteschiebt oder gar mit einer zur Begrüßung ausgestreckten Hand stehenlässt, fühlen wir uns abgewertet und schlecht. Höchstwahrscheinlich strengen wir uns dann noch mehr an, um in den Fokus unseres Gegenübers zu gelangen – was dem anderen die Aufwertung verschafft, die er sich wünscht.

Genug der Miesheiten – Sie kennen jetzt die zehn bewährten Strategien der Menschen, die anderen das Leben schwer machen. Im nächsten Kapitel erfahren Sie unter anderem, wie Sie mit diesen Schikanen am besten umgehen können.

Ursachenforschung: Was Arschlöcher zu dem macht, was sie sind

Vielleicht geht es Ihnen ebenso wie mir, und Sie können sich einfach nicht vorstellen, dass Menschen grundsätzlich negativ, verletzend, missmutig, kränkend, als Querulanten, Neidhammel, Streithähne, Aufschneider, Hitzköpfe, Narzissten oder Lügner auf die Welt kommen? Etliche Wissenschaftler haben sich diese oder ähnliche Fragen ebenfalls gestellt. Daraus ist die Disziplin der Persönlichkeitspsychologie hervorgegangen, der wir unter anderem die Erkenntnis verdanken, dass jeder Mensch ein Produkt seiner Gene und seiner Umwelt ist. Wir werden also nicht als jemand Bestimmter geboren, sondern entwickeln uns zu einer Persönlichkeit, die es genau so nicht noch einmal auf der Welt gibt.

Der Test auf Seite 16 hat deutlich gemacht, dass so ziemlich jeder von uns das Potenzial in sich trägt, von Zeit zu Zeit ein für andere eher unangenehmer Mensch zu sein, abhängig unter anderem von der jeweils gegebenen konkreten Situation, den Menschen, mit denen wir zu tun haben, und unserem Stresslevel. Wir haben daneben auch schon konstatiert, dass es aber auch Menschen gibt, die einfach immer und grundsätzlich biestig, unangenehm, aufdringlich und aggressiv sind, ohne dass sich dafür jeweils konkrete Gründe finden ließen – die amtlichen Arschlöcher eben, die andere auch dann abkanzeln und schlecht behandeln, wenn die Sonne lacht, die Börsenkurse steigen und eigentlich alles im grünen Bereich liegt. Die Meinungen darüber, wer als amtliches Arschloch zu gelten hat und wer nicht, können durchaus auseinandergehen – allerdings gibt es vier Kriterien, die, wenn sie alle erfüllt sind, doch sehr nahelegen, dass jemand durch und durch Arschloch ist:

- Die oben genannten zehn Strategien lassen sich Tag für Tag in deutlicher Ausprägung beobachten.
- In Gegenwart des betreffenden Menschen machen sich bei anderen negative Gefühle breit.
- Es gibt für das miese Verhalten der Person keinen erkennbaren Anlass.
- Nicht nur Sie selbst, sondern auch viele andere Leute empfinden den betreffenden Menschen als höchst unangenehmen Zeitgenossen.

»Der/die ist doch einfach nicht ganz dicht!« – sicherlich haben Sie sich das auch immer wieder mal gesagt, wenn Sie mehr oder weniger fassungslos zugesehen haben, wie ein amtliches Arschloch die Arbeit und das Engagement anderer Menschen zunichtemachte. Und wer weiß, vielleicht liegen Sie damit gar nicht mal so falsch. Auf alle Fälle weist das Verhalten der Arschlöcher erkennbare Parallelen zu den Beschreibungen einiger schwerwiegender psychischer Beeinträchtigungen auf, wie sie im *ICD-10* festgehalten sind. Das *ICD-10* ist die »Internationale statistische Klassifikation der Krankheiten und verwandter Gesundheitsprobleme« (englisch: **I**nternational Statistical **C**lassification of **D**iseases and Related Health Problems), das von der Weltgesundheitsorganisation WHO herausgegeben wird und mittlerweile in seiner zehnten Ausgabe vorliegt.

Das *ICD-10* hält zunächst fest, dass Menschen, die unter einer sogenannten Persönlichkeitsstörung leiden, sich anders verhalten, als ihre Umwelt es von ihnen erwartet, und zwar auf vier Ebenen:

1. Auf der Beziehungsebene

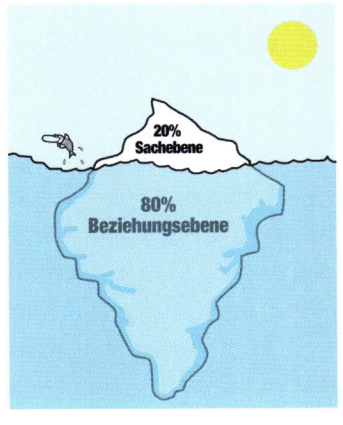

In der Psychologie und Soziologie bezeichnet man die Beziehungsebene als die Ebene, auf der Menschen gefühlsmäßig miteinander verbunden sind. Die Beziehungsebene sagt etwas aus über die Qualität des zwischenmenschlichen Austauschs – es geht dabei also nicht um die Inhalte, die ausgetauscht werden (die sogenannte Sachebene). Um mit anderen in eine Beziehung treten zu können, braucht es bestimmte Eigenschaften wie beispielsweise Ehrlichkeit, Offenheit, Interesse am anderen, Neugier, Verlässlichkeit und Empathie. Die Beziehungsebene ist für eine gelingende Kommunikation von entscheidender Bedeutung – ganz gleich, ob in beruflichen oder privaten Situationen.

Menschen mit Persönlichkeitsstörungen sind nicht in der Lage, ehrliche, offene, wertschätzende Beziehungen zu anderen Menschen einzugehen. Ihr Kontakt zu anderen ist stets geprägt durch Angst, Unsicherheit oder Macht- und Besitzansprüche, Kampf und Aggressivität.

2. Auf der kognitiven Ebene

Die kognitive Ebene umfasst die bewussten Gedanken eines Menschen und seine Vorstellungswelt, also die Art und Weise, wie er die Welt wahrnimmt, wie er sich Dinge vorstellt und welche Bilder von Menschen und Dingen er geistig hinterlegt hat. Kognitive Prozesse sind entscheidend mit dafür verantwortlich, wie ein Mensch sich in seiner Umwelt zurechtfindet und ob er sein Verhalten situationsorientiert anpassen kann.

Amtliche Arschlöcher zeigen eine sogenannte selektive Wahrnehmung: Alles, was nicht zu ihren Bildern von Menschen und zu ihren Vorstellungen passt, wird einfach »wegretuschiert«. Sie ziehen falsche Schlüsse, haben andere Wahrnehmungen als ihre Umwelt; Ihr Bild von sich selbst und das Bild, das andere von ihnen haben, klaffen weit auseinander. Ständig wittern sie Komplotte und Intrigen, die natürlich allesamt gegen sie gerichtet sind. Weil sie der Mittelpunkt ihrer Welt sind, beziehen sie alles, was in ihrer Umgebung geschieht, auf sich selbst.

3. Auf der affektiven Ebene

Der Begriff »Affekt« stammt vom lateinischen Wort »afficere« ab, das so viel bedeutet wie »antun, in einen Zustand versetzen, mit etwas erfüllen«. Affekte können bedingt sein durch etwas, was in der Außenwelt geschieht, oder durch etwas, was sich in einem Menschen gedanklich abspielt. Affekte können laut oder leise sein, schön oder hässlich. Wenn wir in uns eine Welle von Zuneigung für jemand anderen verspüren, ist das ebenso ein Affekt wie ein lautstarker Wutausbruch.

Wir alle haben immer wieder Gefühle, die wir uns nicht richtig erklären können – bei Menschen mit einer Persönlichkeitsstörung sind die Affekte aber noch in viel stärkerem Maße unvorhersehbar. Sie entwickeln eine Eigendynamik, werden extrem über- oder unterbewertet und setzen die normalen, bekannten Reaktionen komplett außer Kraft. Derart übersteigerte Gefühle anderer, die noch dazu mit der Situation nicht in Zusammenhang gebracht werden können, überfordern uns. Wir haben das nicht unbegründete Gefühl, dass bei demjenigen, der sie äußert, etwas grundlegend nicht stimmt und dass er/sie sich künstlich in etwas hineinsteigert.

4. Auf der impulsiven Ebene

Jeder von uns empfindet Tag für Tag eine Vielzahl innerer Impulse. Ein seelisch gesunder Mensch nimmt diese inneren Anstöße wahr, bewertet sie und entscheidet, ob er ihnen folgen will oder nicht. Wenn uns die Kontrolle über unsere Impulse entgleitet, handeln wir unüberlegt und ohne Rücksicht auf Verluste. Wir können uns nicht konzentrieren und Frustrationen kaum aushalten. Impulsivität bezieht sich nicht nur auf Äußerungen oder Verhaltensweisen, sondern auch auf Denkprozesse. Eine mangelnde Kontrolle gedanklicher Impulse äußert sich darin, dass der betroffene Mensch vorschnelle Schlussfolgerungen zieht und übereilte Entscheidungen trifft.

Den Arschlöchern unter uns geht es stets um die sofortige Befriedigung ihrer eigenen Bedürfnisse, ohne Rücksicht auf andere Menschen oder Situationen. Je mehr Erfolg sie dabei haben, desto maß- und skrupelloser werden sie bei der Durchsetzung ihres Willens. Geht es einmal nicht nach ihrem Kopf, lassen sie dies ihre Umwelt in Form von Wutausbrüchen, sexuellen Übergriffen oder öffentlichen Demütigungen deutlich spüren. Zu Recht sagt man von den Betreffenden dann, dass sie sich selbst nicht im Griff haben.

Menschen mit einer Persönlichkeitsstörung verhalten sich auf allen vier beschriebenen Ebenen auffällig. Sie agieren unflexibel und unsozial. Spricht man sie darauf an, begründen sie ihr Verhalten ausschließlich im Fehlverhalten anderer oder in ungünstigen äußeren Umständen. Persönlichkeitsstörungen sind keine vorübergehenden Launen, sondern dauerhafte Beeinträchtigungen. Die Ursachen sind vielfältig und reichen von organischen Erkrankungen über Verletzungen oder Funktionsstörungen des Gehirns bis hin zu traumatischen Kindheitserfahrungen etwa von Gewalt oder sexuellem Missbrauch.

Das *DSM-IV*, das »Diagnostische und statistische Manual psychischer Störungen«, beschreibt einige Störungsbilder, die dem Verhalten der amtlichen Arschlöcher sehr nahekommen. Beim *Borderline-Syndrom* etwa verhalten sich die Betroffenen immer wieder grenzverletzend, und dies sowohl in Bezug auf äußere wie auf innere Grenzen. Sie leiden unter ausgeprägten Stimmungsschwankungen, und ihre Beziehungen zu anderen sind instabil und impulsiv geprägt. Andere Menschen werden entweder idealisiert oder verteufelt. Menschen mit einer Borderline-

Störung verhalten sich in Beziehungen manipulativ; Bezugspersonen, die die Borderliner nicht verlieren wollen, sehen sich häufig einem ausgeprägten Dominanzverhalten ausgesetzt. In ihren guten Momenten können Borderliner jedoch durchaus offen, charismatisch und begeisternd wirken. Borderline-Störungen kommen vor allem bei Frauen vor. In Deutschland sind etwa 1,6 Millionen Menschen davon betroffen. Forscher gehen davon aus, dass genetische Einflüsse bei dieser Persönlichkeitsstörung ebenso eine Rolle spielen wie traumatische Erlebnisse (sexueller Missbrauch, Gewalt, Vernachlässigung).

Die *histrionische Persönlichkeitsstörung* leitet ihren Namen vom englischen Wort »histrionic« ab, was so viel bedeutet wie »schauspielerisch, theatralisch, affektiert«. Dementsprechend verhalten die betroffenen Menschen sich egozentrisch und übersteigert. Die Welt soll sich um sie drehen, und tut sie dies nicht, so wird alles unternommen, um sich wieder ins Rampenlicht zu rücken. Oft erkennt man die Betroffenen schon an ihrem exzentrischen äußeren Auftritt oder daran, dass sie nach immer neuen Abenteuern oder extremen Erfahrungen gieren, die ihnen die Aufmerksamkeit anderer verschaffen. Histrioniker sind äußerst emotionale, verletzliche Menschen mit einem extremen Bedürfnis nach Lob, Aufmerksamkeit und Anerkennung. Auch sie verhalten sich manipulativ und agieren wenig einfühlsam, um zu bekommen, was sie von anderen Menschen brauchen. Schätzungen zufolge sind zwei bis drei Prozent der deutschen Bevölkerung von einer histrionischen Persönlichkeitsstörung betroffen, gleich viel Männer wie Frauen. Die Ursache ist nicht ganz geklärt, scheint aber wie bei fast allen Persönlichkeitsstörungen in der Kindheit zu liegen. Wenn Kinder keine eigene Identität entwickeln konnten, ihnen ein falsches Gefühl von Liebe, Geborgenheit und Aufmerksamkeit vermittelt wurde oder aber all dies ganz fehlte, besteht die Gefahr, dass sie Zuflucht in einer übersteigerten, unechten Identität suchen. Die psychologische Forschung vermutet daneben noch eine genetische Veranlagung zu dieser Persönlichkeitsstörung.

Auch bei Vorliegen einer *narzisstischen Persönlichkeitsstörung* verzehren die Betroffenen sich nach Aufmerksamkeit und Anerkennung. Sie neigen dazu, sich dabei selbst zu überschätzen und zu viel zuzutrauen. In Wahrheit sind Narzissten sehr unsicher und haben ein schwach ausgeprägtes Selbstwertgefühl. Menschen, die ihnen nicht die Bewunderung zukommen lassen, die sie zur Aufrechterhaltung ihres übersteigerten Selbstbildes benötigen, werden fallengelassen und/oder angefeindet. Trotz seiner Eigenfixierung hat der Narzisst sehr gute Antennen für die Schwachstellen seiner Mitmenschen – ein Gespür, das er zur Durchsetzung seiner eigenen Interessen nutzt. Auf andere wirkt er oft snobistisch, arrogant und herablassend. Erhält er jedoch seine Bühne, so kann er strahlen wie ein Stern und die Herzen anderer begeistern. Narzissten sind stark auf die Themen Erfolg, Macht und Schönheit konzentriert; sie halten sich für etwas Besonderes und erwarten dementsprechend von anderen eine Vorzugsbehandlung. Haben sie den Eindruck, dass jemand anders mehr erreicht hat als sie selbst, können sie sich ausgesprochen neidisch und missgünstig verhalten. In Deutschland sind etwa 800 000 Menschen von einer narzisstischen Persönlichkeitsstörung betroffen; 75 Prozent davon sind Männer. Die Ursachen sind auch hier vielfältig. Als Hauptursache wird jedoch die Eltern-Kind-Beziehung gesehen. Möglicherweise haben die Eltern dem Kind schon früh das Gefühl gegeben, etwas ganz Besonderes und besser als andere zu sein. Möglich ist aber umgekehrt auch, dass das Kind die Aufmerksamkeit seiner Eltern nur erhielt, wenn es Leistung erbrachte.

Menschen, die unter einer *antisozialen Persönlichkeitsstörung* leiden, scheren sich nicht um die Regeln, die das soziale Miteinander bestimmen. Sie machen sich keine Gedanken darüber, wie es ihren Mitmenschen damit geht. Schon als Kinder fallen die Betroffenen etwa durch häufiges Lügen, Schuleschwänzen, Diebstahl oder Vandalismus auf, und als Erwachsene sind sie häufig hoffnungslos verschuldet, entziehen sich der Arbeitswelt, konsumieren Drogen oder sind körperlich aggressiv. Aber Vorsicht: Nicht alle Betroffenen stürzen derart ab – es gibt im Gegenteil Studien, die belegen, dass gerade Führungspersönlichkeiten von einer antisozialen Persönlichkeitsstörung betroffen sein können.

Grundsätzlich verfügen antisoziale Menschen über wenig Empathie, also Einfühlungsvermögen für andere, sie zeigen keine Reue und kein Verantwortungsbewusstsein für ihre Taten. Ähnlich wie Narzissten haben sie allerdings einen Riecher für die Schwachpunkte anderer Menschen und nutzen diese Fähigkeit manipulativ.

Die antisoziale Persönlichkeitsstörung gibt es in drei Ausprägungen. Betroffenen mit sogenanntem dissozialem Verhalten sind Geld, Macht und Erfolg überaus wichtig. Diese Menschen hassen Veränderungen und punkten bei anderen durch ihren oberflächlichen Charme und ihre schauspielerischen Fähigkeiten. Das Fehlen von Einfühlungsvermögen, Schuld und Angst sowie instabile, häufig wechselnde Beziehungen sind weitere Kennzeichen der Dissozialen. Die Impulsiv-Feindseligen fahren häufig aus der Haut und fühlen sich schnell angegriffen und provoziert. Ihre Handlungen sind spontan und ungeplant. Frustrationen halten sie kaum aus. Die Ängstlich-Aggressiven schließlich sind schüchterne, zurückhaltende, deprimierte, frustrierte Menschen, die in Extremsituationen zu Gewaltausbrüchen neigen.

Diese Menschen sind oft weitgehend unauffällig, beherrscht und ruhig.

Die Zahl der von einer antisozialen Persönlichkeitsstörung Betroffenen in Deutschland ist erschreckend hoch. Schätzungen gehen von 2,4 Millionen Menschen aus, wobei mehrheitlich (zu 75 Prozent) Männer betroffen sind. Wiederum sind genetische wie Umweltfaktoren gleichermaßen als ursächlich anzusehen. Studien haben einen messbaren Zusammenhang zwischen dem Auftreten einer antisozialen Persönlichkeitsstörung und fehlender mütterlicher Zuwendung im Kindesalter ergeben. Die Betroffenen stammen häufig aus zerrütteten Elternhäusern, in denen entweder Gewalt vorherrschte oder in denen sie stark vernachlässigt wurden.

Ich weiß nicht, wie es Ihnen nach diesen Zeilen geht. Was mich betrifft, habe ich beim Recherchieren die Menschen, die wir als Manipulateure, Einschüchterer, Kleinmacher – kurz: als Arschlöcher – kennen, ein bisschen besser verstehen gelernt. Auch wenn das ihr Verhalten in keiner Weise entschuldigt: Die Arschlöcher haben, so verschieden sie auch auftreten mögen, in gewisser Weise alle gemeinsam, dass ihre Kindheit alles andere als schön und behütet war. Liebe, Fürsorge, Stabilität, Vertrauen, Zärtlichkeit haben sie als Kinder nicht kennengelernt, und folgerichtig standen ihre Chancen, ein gesundes Maß an Selbstvertrauen und Selbstbewusstsein aufzubauen, eher schlecht. Logisch eigentlich, dass so jemand dann auch nicht in der Lage ist, gut für sich selbst zu sorgen, sondern, um sich zu bestätigen und abzusichern, darauf angewiesen ist, andere noch schlechter zu machen, als er oder sie sich selbst fühlt.

Kapitel 2

Nicht mit mir! Was uns kränkbar macht und wie Sie sich immunisieren können

Wann haben Sie zum letzten Mal dieses Gefühl gehabt, einen Schlag in die Magengrube abbekommen zu haben, weil jemand sich Ihnen gegenüber wenig freundlich verhalten hat? Wir alle haben unsere ganz spezifischen wunden Punkte, an denen uns eine raubeinige Bemerkung, ein gedankenloser Witz besonders wehtun. Darüber hinaus sind Menschen je nach ihrer persönlichen Konstitution unterschiedlich stark kränkbar – wie es diesbezüglich bei Ihnen aussieht, können Sie in ein paar Minuten mit Hilfe eines Tests ermitteln.

Grundsätzlich hat unsere Kränkbarkeit – Sie ahnen es sicher schon – viel damit zu tun, wie wir zu uns selbst stehen, was wir von uns halten und wie stabil unser Selbstwertgefühl ist. Der amerikanische Psychotherapeut Nathaniel Branden hat sich jahrzehntelang mit dem Thema Selbstwert auseinandergesetzt und sechs Kriterien definiert, die das Selbstwertgefühl ausmachen:

1. *Bewusst leben:* das heißt, das Leben und seine gestalterischen Möglichkeiten bewusst wahrnehmen und es nicht einfach nur »laufenlassen«.

2. *Selbstannahme:* sich selbst mit all seinen Stärken und Schwächen annehmen und wertschätzen – darauf werden wir in Kapitel 3 noch weiter zu sprechen kommen.
3. *Eigenverantwortlich leben:* nicht als Opfer (der Umstände, unserer Eltern, unserer Vorgesetzten ...) durchs Leben zu gehen, sondern sein Leben in die Hand zu nehmen und zu gestalten.
4. *Selbstbehauptung:* Sich nicht alles gefallen lassen, sondern aufstehen und anderen die Grenzen ihres Handelns aufzeigen.
5. *Zielgerichtet leben:* Ohne Ziele kennt man den Weg nicht. Zielgerichtet zu leben heißt, sich klar zu werden über das, was man im Leben gerne erreichen würde und das, was dem Leben Sinn verleiht.
6. *Persönliche Integrität:* Das ist Treue zu sich selbst. Man verbiegt sich nicht, sondern lebt die eigenen Werte, Überzeugungen, Vorstellungen. Im Anhang dieses Buches finden Sie einen Wertetest, der Ihnen dabei hilft, den Dingen auf die Spur zu kommen, die für Sie wesentlich sind.

Neben dem Selbstwertgefühl spielt aber auch unsere momentane körperliche und seelische Verfassung in Bezug auf unsere Kränkbarkeit eine Rolle. Wenn Sie krank oder sehr gestresst sind, werden negative Aussagen anderer Sie stärker treffen, als wenn es Ihnen gut geht. Nicht zuletzt darum ist es gerade in anstrengenden Zeiten so wichtig, die eigenen Bedürfnisse im Auge zu behalten und für ein gutes Gleichgewicht von Arbeit und Freizeit zu sorgen. Übrigens gehen wir dann auch sehr viel gelassener mit den echten oder vermeintlichen Fehlern anderer Menschen um, sind also nicht nur weniger verletzbar, sondern unsererseits auch weniger verletzend.

Ob bestimmte Verhaltensweisen Sie kränken oder ob Sie ganz ruhig darüber hinwegsehen können, hat auch etwas mit Ihren früheren Erfahrungen zu tun. Haben Sie das Gefühl, dass sich in Ihrem Leben bestimmte Situationen und Kränkungen immer wieder wiederholen? Dann haben sich vielleicht Verhaltensmuster ausgebildet, die Ihnen nicht guttun und darauf warten, von anderen Verhaltensmöglichkeiten abgelöst zu werden. Möglicherweise »ziehen« Sie dadurch eine bestimmte Art von Kränkungen tatsächlich »an«, weil die wiederkehrenden Situationen, so unangenehm sie auch sein mögen, Ihnen Ihr Bild von sich selbst bestätigen. In Kapitel 3 werden wir im Zusammenhang der Ausstrahlung, die Sie auf andere haben, noch einmal auf das zu sprechen kommen, was Sie innerlich antreibt und zu einem bestimmten Verhalten motiviert.

Nicht egal in punkto Kränkungen ist auch, ob Sie ein Mann oder eine Frau sind. Frauen sind im Bereich des Zwischenmenschlichen erwiesenermaßen verletzbarer – was aber natürlich keineswegs heißt, dass sie sich dagegen nicht genauso gut zur Wehr setzen können wie ein Mann. Wie das geht, wird weiter unten noch zur Sprache kommen.

Zu guter Letzt spielen die Erwartungen, die Sie an eine bestimmte Situation und an andere Menschen haben, eine große Rolle dabei, wie verletzlich Sie sind. Nehmen wir beispielsweise an, Sie betreten ein Restaurant und setzen sich an einen freien Tisch. Nach knapp zehn Minuten hat sich immer noch kein Kellner mit der Speisekarte bei Ihnen sehen lassen. Sie sind zunehmend ungeduldig und genervt. Kein Wunder: Ihre Erwartungen an die Situation erfüllen sich nicht; Ihr Bedürfnis danach, wahrgenommen zu werden, wurde verletzt. Kommt nun der Kellner schließlich doch noch an Ihren Tisch, werden Sie Ihren Unmut vermutlich direkt oder indirekt äußern – und damit die Wahrscheinlichkeit erhöhen, dass Sie nun auch noch eine unfreundliche Antwort kassieren. Grundsätzlich gilt: Je höher unsere Erwartungshaltung an Menschen oder Situationen ist, umso mehr geben wir anderen die Möglichkeit, uns zu verletzen oder uns zu kränken. Es lohnt sich also, gelegentlich einen bewussten Blick auf das zu werfen, was man sich von jemand anderem verspricht, und diese Erwartung ein bisschen herunterzuschrauben. Das erhöht die Wahrscheinlichkeit, positiv überrascht zu werden ...

> »Beide schaden sich selbst: der, der zu viel verspricht, und der, der zu viel erwartet.«
>
> *Gotthold Ephraim Lessing*

Test: Wie kränkbar sind Sie?

Beantworten Sie die kommenden 20 Fragen mit Ja oder Nein. Die Auflösung erfolgt am Ende des Tests.

1. Können Sie einer Person, die Sie persönlich angegriffen hat, schnell verzeihen?
2. Bekommen Sie häufig zu hören, Sie seien sensibel?
3. Gehen Sie Menschen oder Situationen bewusst aus dem Weg, um nicht verletzt zu werden?
4. Halten Sie sich mit Ihren eigenen Wünschen, Vorstellungen, Ideen oft zurück?
5. Gibt es Aussagen wie beispielsweise: »Was hast du dir dabei gedacht, ...«, die Sie persönlich sehr verletzen?
6. Sind Sie schnell eingeschnappt und ziehen sich zurück?
7. Suchen Sie in herausfordernden Situationen den Fehler immer zuerst bei sich?
8. Fühlen Sie sich häufig nicht angenommen, nicht wahrgenommen?

9. Malen Sie sich gerne aus, wie Sie sich für Ihre Verletzungen rächen?
10. Empfinden Sie sich als zu gut für diese Welt?
11. Möchten Sie gerne von allen Menschen in Ihrem Umfeld geliebt und wertgeschätzt werden?
12. Werden Sie von anderen Menschen für ihre Zwecke ausgenutzt?
13. Würden Sie sich oft gerne einfach wegschließen, um keinem Menschen mehr begegnen zu müssen?
14. Leben Sie Ihre Wünsche, Vorstellungen, Ideen offen aus?
15. Glauben Sie, dass Sie Ihres eigenen Glückes Schmied sind?
16. Haben Sie klare Lebensziele und Visionen?
17. Wiederholen sich Kränkungen und Verletzungen in Ihrem Leben immer wieder?
18. Werden Sie von anderen Menschen bewusst verletzt?
19. Können Sie häufig nicht einschlafen, weil Sie immer weiter darüber nachdenken, wie und warum Sie jemand verletzt hat?
20. Können Sie sich von Zeit zu Zeit wie ein Kind fühlen – unbeschwert und frei?

Fragen	1	2	3	4	5	6	7	8	9	10
Ja	0	5	5	5	5	5	5	5	5	5
Nein	5	0	0	0	0	0	0	0	0	0

Fragen	11	12	13	14	15	16	17	18	19	20
Ja	5	5	5	0	0	0	5	5	5	0
Nein	0	0	0	5	5	5	0	0	0	5

Auswertung:

100–60 Punkte:

Sie sind ein sehr verletzbarer Mensch, der sich schnell von anderen angegriffen fühlt. Bemerkungen, die andere machen, ohne groß darüber nachzudenken, beziehen Sie häufig auf sich. Sie ziehen sich in sich selbst zurück, obwohl Sie es den anderen eigentlich gern mal so richtig zeigen würden. Suchen Sie sich Wege aus der Opferrolle! Es gibt Teile in Ihnen, die nichts so leicht umhaut – Sie müssen sie nur wieder freischaufeln. Sie werden andere Menschen nicht ändern können, wohl aber Ihre Einstellung zu ihnen. Damit entziehen Sie den anderen einen Großteil der Macht, die sie derzeit noch über Sie haben. Die Übungen dieses Buches werden Ihnen dabei helfen, Ihre starke Seite zu entdecken, die Sie befähigt, die dummen Sprüche anderer einfach an sich abprallen zu lassen.

60–30 Punkte:

Sie sind ein Mensch, dem die Anerkennung der anderen sehr viel bedeutet. Sie möchten wahrgenommen und geliebt werden, am liebsten von allen Menschen in Ihrem Umfeld. Damit machen Sie sich angreifbar. Überlegen Sie: Mögen Sie alle Menschen, mit denen Sie zu tun haben? Na also ...

Statt sich vom Urteil anderer abhängig zu machen, können Sie mehr Wertschätzung für sich selbst entwickeln. Das vorliegende Buch enthält Übungen, die Ihnen dabei helfen, in einen liebevollen inneren Dialog mit sich selbst zu kommen.

25–0 Punkte:

Herzlichen Glückwunsch! Sie kann man zu Ihrem stabilen Selbstwertgefühl beglückwünschen. Weil Sie Ihre Stärken kennen und sich mögen, wie Sie sind, sind Sie kaum anfällig für Kränkungen. Sie können sich gut abgrenzen und sind nicht so leicht aus Ihrem Gleichgewicht zu bringen.

Lassen Sie uns doch die Kränkungs-Strategien der Arschlöcher aus Kapitel 1 noch einmal genauer anschauen und einen gesonderten Blick darauf werfen, was Sie tun können, um ihnen Paroli zu bieten.

So bieten Sie Arschlöchern die Stirn

Beleidigungen und persönliche Angriffe

> »Die Beleidigungen sind die Argumente jener, die über keine Argumente verfügen.«
>
> *Jean-Jacques Rousseau*

Andere Menschen können Sie nur dann wirksam beleidigen, wenn ihre Aussagen Sie treffen, Sie sie also für bare Münze nehmen. In der Regel ist dies dann der Fall, wenn Sie sich Ihrer selbst nicht ganz sicher sind. Das wiederum kann viel mit frühen Prägungen zu tun haben. Wer beispielsweise schon als Kind von den Eltern und in der Schule für seinen »Babyspeck« geneckt wurde, wird auch im Erwachsenenalter durch Aussagen über die eigene Figur und das Körpergewicht besonders verletzbar sein.

Bei mir sind es die Ohren. Sie standen lange Zeit so richtig ab, und zwar von Geburt an. Meine Mutter gab mir stets das Gefühl, dass mit meinen Ohren etwas nicht stimmte. Sie kämmte meine Haare darüber und fragte sich seufzend, woher ich dieses Erbteil wohl haben könne – aus ihrer Familie, da war sie sich sicher, komme so etwas jedenfalls nicht. Damit war ich bestens sensibilisiert für Hänseleien, die dann auch prompt schon im Kindergarten begannen und sich in die Grundschulzeit fortsetzten. »Dumbo« war dabei noch der liebevollste Ausdruck, mit dem man mich belegte. Am Ende der Grundschule war ich es satt und bekniete meine Eltern, mir die Ohren operativ anlegen lassen zu dürfen. Sie stimmten zu, und die OP wurde gemacht. Meine Ohren allerdings waren nur kurze Zeit richtig anliegend und begannen dann wieder, sich sachte vom Kopf wegzubewegen. Heute habe ich wieder leicht abstehende Ohren, die ich als Indiz meines »Eigen-Sinns« versöhnlich betrachten kann.

Meine Nichten wurden beide ebenfalls mit stark abstehenden Ohren geboren, aber ihnen sagt in der Familie niemand mehr, dass dies einen Makel darstelle. Wir betonen im Gegenteil, wie schön wir diese liebenswerten Ohren finden und dass dieses physiognomische Merkmal meine Nichten zu ganz besonderen Menschen macht. Bislang ist es erst einmal passiert, dass ein anderes Schulkind versucht hat, sich über die Ohren einer meiner Nichten lustig zu machen. Es war damit allerdings schnell vorbei, weil meine Nichte nur entgegnete, sie finde ihre Ohren schön und das andere Kind sei wohl nur neidisch. So ändern sich die Zeiten – glücklicherweise!

Meine Nichte hat intuitiv genau die richtige Strategie angewandt, um keine Angriffsfläche für Beleidigungen zu bieten: Sie hat unmissverständlich klar gemacht, dass sie sich selbst mag und zu sich steht – so, wie sie ist. Dasselbe empfiehlt sich unter Erwachsenen. Wenn also jemand meint, Ihre Figur, Ihre Kleidung oder sonst etwas an Ihnen auf beleidigende Weise kommentieren zu müssen, reagieren Sie aktiv: Besser, als die Beleidigung vermeintlich zu überhören, ist es, darauf zu reagieren – ganz lapidar mit einem »Sie müssen mein Kleid ja nicht mögen – Hauptsache, mir gefällt es« oder auch, indem Sie sich einen derart unhöflichen Umgangston verbitten.

Alternativ können Sie auch leicht den Kopf schütteln, bevor Sie sich abwenden – oder Sie wählen die entgegensetzte Strategie: Lächeln Sie Ihr Gegenüber strahlend an und sagen Sie: »Schön, dass Ihnen mein Kleid auffällt. Danke!« Vermeiden Sie alles, was defensiv wirken könnte. Sie müssen sich bei niemandem für Ihre Persönlichkeit und/oder Ihr Aussehen entschuldigen. Mit Aussagen wie »Über Geschmack lässt sich ja bekanntermaßen streiten«, »Ich fühle mich wunderbar so, wie ich bin« oder »Jeder so, wie er sich wohlfühlt« machen Sie unmissverständlich Ihre Position klar und grenzen sich deutlich vom Beleidiger ab. Wenn Sie schon im Voraus wissen, dass Sie auf einen Menschen treffen werden, dessen persönliche Kommentare Sie verletzen könnten, können Sie sich ruhig auch im Geiste vorstellen, wie Sie eine Ritterrüstung anlegen, an der alle Angriffe abprallen.

Verletzungen der Privatsphäre

> »Jemand sagte kürzlich: ›Ich bekomme 100 000 Dollar, um zu schauspielern, und sechs Millionen für den Verlust meiner Privatsphäre.‹«
>
> *Kevin Costner*

Klar: Die beste Strategie gegen den Versuch, Sie mit intimen Details aus Ihrem Leben zu manipulieren oder zu erpressen, ist Diskretion. Überlegen Sie sich sehr genau, wem Sie was erzählen. Alle biographischen Erfahrungen, bei denen Sie heute noch ein flaues Gefühl im Bauch bekommen (Lügen, Krankheiten, Expartner …), haben in Ihrem beruflichen Umfeld nichts zu suchen. Schweigen Sie darüber, auch wenn die Atmosphäre in der Mittagspause oder bei der Weihnachtsfeier noch so kuschlig und vertrauenerweckend sein mag.

Ich habe im Urlaub mal Hütte an Hütte mit einer sehr interessanten und aufgeschlossenen Frau gewohnt. Wir haben viel gemeinsam unternommen und uns gut kennengelernt – aber trotzdem wusste ich bis zum letzten Tag unseres Urlaubs nicht, was sie beruflich machte, wie und wo sie lebte oder ob sie Kinder hatte. Immer dann, wenn meine Fragen in eine für sie zu intime Richtung gingen, erklärte sie freundlich und bestimmt, über welche Themen sie sich austauschen wollte und über welche nicht. Wir haben trotzdem eine schöne und unbeschwerte Zeit miteinander verbracht.

Was aber, wenn Sie, wie meine oben erwähnte Kundin mit der Drogenkarriere, doch mal in einem schwachen Moment zu viel von sich preisgegeben haben oder aber jemand beispielsweise über das Internet oder über gemeinsame Bekannte mehr über Sie herausgefunden hat, als Ihnen lieb ist? Dann verfahren Sie nach der Strategie »Ist der Ruf erst ruiniert, lebt sich's gänzlich ungeniert«. Diese Strategie ist wunderbar insbesondere dann, wenn Ihre Biographie tatsächlich einige »bewegte Momente« aufzuweisen hat. Meine Kundin mit der Drogenvergangenheit hat allen Grund, stolz darauf zu sein, dass sie aus eigener Kraft in ein selbstbestimmtes Leben zurückgefunden hat. Warum also sagt sie das nicht jedem, der es hören will? Sie macht sich angreifbar erst dadurch, dass sie sich für ihre Vergangenheit schämt und sie unter den Teppich zu kehren versucht – vergebliche Liebesmüh angesichts der Tatsache, dass ihre Chefin bereits davon weiß. »Ja, so war's – na und? Heute ist es anders« – so oder ähnlich könnte eine Antwort aussehen, die jedes Arschloch mit seinem Versuch, Macht über Sie auszuüben, alt aussehen lässt.

Sie entscheiden darüber, ob Ihnen Ihre Vergangenheit peinlich ist oder ob Ihre Geschichte mit zu dem beigetragen hat, was Sie heute sind, was Sie geschafft haben, was Sie können. Ich habe selbst eine Kindheit mit vielen unschönen Momenten gehabt – schwierige Familienverhältnisse, Misshandlungen, Kinderheim. Weil ich nicht möchte, dass andere Menschen sich die Macht nehmen, meine Biographie zu verurteilen und gegen mich einzusetzen, gehe ich offensiv damit um. Das Schöne dabei: Meine Offenheit führt dazu, dass andere Menschen sich mir ihrerseits mit ihren Erfahrungen und Sorgen öffnen. Probieren Sie mal aus, wie es sich anfühlt, nicht anderen Menschen, sondern sich selbst die Macht zu verleihen, über die nicht so schönen Aspekte in Ihrem Leben zu sprechen.

Körperliche Belästigungen

»Missbrauch frisst ihr eigenes Herz, kein fremdes.«

Unbekannt

Bei diesem Thema muss ich wirklich aufpassen, dass ich nicht wütend werde! Körperliche Belästigungen sind so ziemlich das Gemeinste, was man einem anderen Menschen antun kann. Sobald diese Belästigungen sexuell anmuten bzw. sexuelle Anspielungen verbal geäußert werden, ist der Straftatbestand der sexuellen Belästigung erfüllt. Nach dem Antidiskriminierungsgesetz fallen darunter explizite Aufforderungen und Angebote zum Sex ebenso wie wiederkehrende »zufällige« Berührungen oder etwa das Anstarren der Geschlechtsmerkmale.

Sexuelle Belästigung betrifft überwiegend Frauen. Nach einer repräsentativen Studie musste jede zweite Frau sich schon einmal anzügliche Bemerkungen über ihre Figur und ihr Privatleben anhören, jede dritte Frau erhielt bereits wiederkehrende eindeutige Angebote und wurde unsittlich berührt. Jeder fünften

Frau wurde schon einmal »aus Versehen« an die Brust gefasst, jede sechste wurde schon am Telefon oder in schriftlicher Form sexuell belästigt. Jede zehnte Frau wurde schon einmal von einer Person, die sie belästigte, direkt zum Geschlechtsverkehr aufgefordert, und jede zwanzigste wurde mit Hilfe von Drohungen (etwa, dass man ihr kündigen werde) sexuell gefügig gemacht. Das sind ernüchternde Zahlen, und leider haben die meisten Betroffenen nicht den Mut, ihren Belästigern Einhalt zu gebieten.

Es ist mir ein großes Anliegen, dass niemand sich die Entwürdigung, die mit sexueller Belästigung einhergeht, gefallen lassen sollte. Diese Art von Missbrauch überschattet das gesamte Leben – darum ist es so wichtig, Grenzen zu setzen. Grundsätzlich gilt natürlich: Je früher, desto besser (was jedoch nicht bedeutet, dass Sie nicht auch zu jedem späteren Zeitpunkt noch etwas unternehmen können). Lassen Sie nach Möglichkeit erst gar nicht zu, dass eindeutige Situationen sich häufen. Sprechen Sie Klartext, suchen Sie sich Verbündete. Kündigen Sie Konsequenzen an – und wenn die Belästigung am Arbeitsplatz geschieht: Informieren Sie Ihren Arbeitgeber. Er ist gesetzlich verpflichtet, Ihre Anschuldigungen ernst zu nehmen und Sie vor sexuellem Missbrauch zu schützen. Die meisten Unternehmen nehmen diese Verantwortung sehr ernst. Sollte dies bei Ihrem Arbeitgeber nicht der Fall sein, können Sie eine Mobbing-Beratungsstelle aufsuchen oder einen Anwalt hinzuziehen. Falls Sie wegen des Missbrauchs bereits unter Schlaf- und Konzentrationsstörungen leiden, sollten Sie unbedingt ärztliche Hilfe in Anspruch nehmen.

Sie sollten auch dann aktiv werden, wenn ein Mensch Ihnen körperlich zu nahe kommt und Sie nicht genau einschätzen können, ob die Annäherung sexueller Natur ist oder nicht. Sie definieren Ihre Grenzen, nicht der andere! Machen Sie also klar, dass Ihnen so viel Nähe unangenehm ist. Sagen Sie: »Das ist mir jetzt gerade zu nahe hier; ich fühle mich eingeengt und wünsche mir etwas mehr Abstand«, und zeigen Sie auch körpersprachlich, dass eine rote Linie überschritten wurde. Das können Sie tun, indem Sie beispielsweise einen Schritt auf den anderen zugehen und durch diese Geste demonstrieren, dass Sie sich nicht von ihm einschüchtern lassen.

Einschüchterungen und Drohungen

> »Die besten Feinde sind, die zuvor drohen.«
>
> *Unbekannt*

Drohungen müssen nicht unbedingt körperlicher Natur sein. Verbale Androhungen und Einschüchterungen können ein mindestens ebenso großes Gewaltpotenzial beinhalten. Dazu gehören diskriminierende Bemerkungen über Alter, Geschlecht, Leistung, Aussehen oder ethnische Herkunft ebenso wie Demütigungen, bewusst herbeigeführte Isolation, Unterstellungen oder das Ausnutzen von geistigen, körperlichen oder wirtschaftlichen Benachteiligungen.

Bedroher setzen ihre Aktionen oft als eine Art »Erziehungsmaßnahme« ein. Das heißt auch: Es bleibt in der Regel nicht bei einer einmaligen Bedrohung, sondern es wird eine kontinuierliche Drohkulisse aufgebaut. Wer bedroht wird, leidet darunter unter Umständen so sehr, dass er/sie Versagensängste oder Depressionen entwickelt oder körperlich krank wird. Auch hier gilt: Wehren Sie sich möglichst früh. Haken Sie nach, wenn indirekte Drohungen ausgesprochen werden: »Wie darf ich Ihre Aussage verstehen?«, »Was möchten Sie mir damit sagen?«, »Ich würde mir wünschen, dass Sie Ihr Statement näher ausführen.« Damit zeigen Sie zum einen, dass die Drohung Ihnen keine Angst macht. Zum anderen werden die wenigsten Bedroher sich trauen, der Aufforderung, die Drohung explizit zu wiederholen, nachzukommen.

Suchen Sie Hilfe, wenden Sie sich, sofern Sie am Arbeitsplatz bedroht werden, an die Personalabteilung. Bitten Sie ggf. um Begleitung bei Gesprächen. Dasselbe gilt grundsätzlich auch für Drohungen, die per Mail oder SMS erfolgen. Hier haben Sie den Vorteil, dass Sie die Grenzüberschreitung schwarz auf weiß besitzen und anderen zeigen können.

Sarkastische Bemerkungen und hämische Witze

Von dem Schauspieler und Schriftsteller Curt Goetz ist das Wort überliefert, wonach Humor sich nicht nur aus Geist und Witz speist, sondern auch aus Geduld, Nachsicht und Menschenliebe. Sich über das, was man an anderen als Schwäche empfindet, lustig zu machen, hat mit Humor ganz sicher nichts zu tun. Wenn Sie das Gefühl haben, dass jemand einen Witz auf Ihre Kosten macht, sollten Sie das nicht dulden. Sie haben wiederum mehrere Möglichkeiten, sich abzugrenzen. Eine Möglichkeit besteht darin, den Angreifer durch eine freundliche und sachliche Nachfrage bloßzustellen: »Ich habe das Gefühl, Sie spielen mit Ihrer Bemerkung darauf an, dass ich – Könnten Sie genauer erklären, worum es Ihnen geht und warum Sie das gesagt haben?« Noch besser vielleicht: Sie greifen den Witz auf und drehen ihn zu Ungunsten des Angreifers um: »Haha, ja, stimmt. Das ist Ihnen doch neulich auch passiert, habe ich gehört ...« Zugegebenermaßen lässt sich das nicht immer machen und erfordert außerdem eine gewisse Schlagfertigkeit. Was Sie jedoch in jedem Fall tun können, ist eine klare, starke Körpersprache einzusetzen, die dem

So bieten Sie Arschlöchern die Stirn 51

Das machst du mit mir nicht wieder. Sie können Ihre Irritiertheit zeigen, indem Sie den Kopf schräg legen, die Nase kräuseln, die Stirn in Querfalten legen, die Zornesfalte entstehen lassen. Körperlich untermauern Sie, indem Sie die Beine vom anderen wegstellen, die Arme verschränken, Hände verstecken und Daumen aufrichten.

Aggressor sagt: Das machst du mit mir nicht wieder. Sie können Ihre Irritiertheit zeigen, indem Sie den Kopf schräglegen, die Nase kräuseln, die Stirn in Querfalten legen und die sogenannte Zornesfalte entstehen lassen. Körpersprachlich untermauern Sie das Ganze noch, indem Sie Ihre Füße vom anderen wegdrehen, Ihre Arme verschränken, die Hände verstecken und die Daumen aufrichten.

Oder Sie machen deutlich, wie verachtenswert Sie das Verhalten des anderen finden, indem Sie den Kopf nach hinten werfen, das Kinn anheben und den anderen von oben herab betrachten. Zeigen Sie Ihre Zähne und ziehen Sie die rechte Oberlippe nach oben, während Ihre Augen zu schmalen Schlitzen werden.

Oder Sie machen deutlich, wie verachtenswert Sie das Verhalten des anderen finden, indem Sie den Kopf nach hinten werfen, das Kinn anheben, den anderen von oben herab betrachten. Die Zähne blecken, die rechte Lippe verächtlich nach oben ziehen, die Augen zu schmalen Schlitzen ziehen. Im Sitzen können Sie die Kobra Haltung einnehmen und signalisieren damit: »Sie können mich mal...!«

Unterbrechen, Ideen zerreden, mangelndes Feingefühl

»Wenn Sie heute irgendeine Idee killen wollen, brauchen Sie nur dafür zu sorgen, dass ein Komitee darüber berät.«
Charles Kettering

Wie können Sie verhindern, dass Ihre Einfälle von anderen zu Tode diskutiert werden? Zunächst einmal, indem Sie sich nicht auf diese Diskussionen einlassen und damit der Strategie derjenigen, die Sie kleinmachen wollen, nachgeben. Stattdessen können Sie den Aggressor verbal spiegeln: »Wenn ich Sie recht verstanden habe, glauben Sie, dass ...?« Auf diese Weise zwingen Sie ihn oder sie dazu, sich genauer zu positionieren – was jemand, dem es nur ums Zerstören der Ideen anderer geht, aber nicht unbedingt kann. So besteht schon eine gewisse Chance, dass der andere einen Rückzieher macht. Tut er oder sie dies nicht, vermeiden Sie nach wie vor, mit »Ja, aber« in die Diskussion einzusteigen. Fassen Sie stattdessen Ihre Idee noch einmal in wenigen Sätzen positiv zusammen. Schauen Sie Ihrem Gegner und ggf. den anderen Gesprächsteilnehmern dabei gerade in die Augen. Sitzen oder stehen Sie aufrecht und vermeiden Sie es, Arme oder Beine zu verschränken. Wenn man Sie unterbricht, sagen Sie freundlich »Ich würde den Satz gerne noch zu Ende bringen« oder »Lassen Sie mich noch kurz ausreden«. In einer Besprechung können Sie auch vorschlagen, dass man Ihre Idee zunächst einmal zu Protokoll nimmt, bevor weiter darüber diskutiert wird.

Herabsetzungen und öffentliche Demütigungen

»Ich vermute mal, dass irgendwie jeder, der den Ehrgeiz hat, etwas zu erschaffen und nicht kaputt zu machen, Respekt verdient.«

Kurt Cobain

Für den Umgang mit herabsetzenden Bemerkungen gilt im Wesentlichen das, was ich schon zu Beleidigungen und persönlichen Angriffen gesagt habe. Zeigen Sie dem Angreifer, dass Sie sich nicht ins Bockshorn jagen lassen. Bitten Sie darum, zu einer sachlichen Ebene und einem respektvollen Umgangston zurückzukehren. Stellen Sie in einer nicht defensiven Weise klar, warum Sie sich so und nicht anders verhalten (»Ich habe Ihnen die Unterlagen zu … noch nicht beigelegt, weil die Zahlen zu … erst morgen früh reinkommen. Sie bekommen morgen von mir die ergänzte Tabelle.«). Oder bringen Sie zum Ausdruck, dass der andere seinerseits seine Hausaufgaben nicht gemacht hat: »Ich wünsche mir für zukünftige Meetings eine klare Vorabsprache, was genau besprochen wird und welche Unterlagen Sie von mir benötigen.« Wichtig ist, dass Sie dabei eine ruhige Stimme behalten und Ihren Wunsch als Ich-Botschaft formulieren; anderenfalls provozieren Sie Machtkämpfe. Suchen Sie zeitnah noch einmal das Vier-Augen-Gespräch mit dem Verantwortlichen, und stellen Sie darin noch einmal klar, was Sie sich von dieser Person im Umgang mit Ihnen wünschen.

Doppelte Botschaften

> »Brennte Falschheit wie Feuer, so wär' das Holz nicht halb so teuer.«
>
> *Unbekannt*

Hier gilt wieder: Fragen Sie nach. Zwingen Sie den anderen, Position zu beziehen, statt sich hinter seiner doppelten Botschaft zu verstecken. »Ich habe noch nicht genau verstanden, was Sie damit meinen. Geht es Ihnen um … oder darum, dass ich …?« (Wie immer: Verbindlicher Tonfall, aufrechte Haltung, gerader Blick!) Manch ein Angreifer wird es sich dann noch einmal überlegen, ob er seinen Angriff auf Sie wirklich offen ausführen will.

War da noch was? Bewusstes Ignorieren

> »Zuerst ignorieren sie dich, dann lachen sie über dich, dann bekämpfen sie dich und dann gewinnst du.«
>
> *Mahatma Gandhi*

Vor kurzem saß ich mit einer Freundin in einem Szenerestaurant in Hamburg. Der Chef ging von Tisch zu Tisch, begrüßte die VIPs und sprach mit ihnen, gab Empfehlungen und hielt Small Talk. Zu uns beiden kam er erst, als meine Freundin, die ihn auch persönlich kannte, ihn herbestellte. Ich nahm die Gelegenheit wahr, um klarzustellen, dass sein Verhalten kränkend war. Er hatte uns das Gefühl gegeben, klein und unwichtig zu sein. Letztlich würde sich das negativ auf den Ruf seines Restaurants auswirken, und einem Wirt sollten all seine Gäste gleich wichtig sein.

Ich weiß nicht, ob der Mann daraufhin ins Grübeln kam. Was ich aber weiß, ist, dass ich seine Ignoranz nicht auf mir sitzengelassen habe. Zugegeben: Nicht immer kann man diese verbreitete Art von Kränkung so unmittelbar parieren. Einer meiner Kunden etwa erzählte mir ziemlich ratlos, dass in seiner Bankfiliale kürzlich ein »hohes Tier« zu Gast war – jemand von der Chefetage, Boss von 20 000 Mitarbeitern. Der betreffende Herr schüttelte fleißig die Hände der Führungskräfte – die »normalen« Mitarbeiter ließ er aus.

Natürlich hatte mein Kunde nicht die Möglichkeit, den Boss zu sich zu zitieren und ihm die Leviten zu lesen. Ich habe ihm geraten, mit seinem direkten Vorgesetzten darüber zu sprechen, wie er die Situation empfand, und dabei den Wunsch zu äußern, dass dieser die Rückmeldung weitergeben möge. Immerhin schreiben nahezu alle Unternehmen sich heutzutage auf die Fahnen, dass ihre Mitarbeiter ihr größtes Potenzial sind. Wenn Sie den Eindruck haben, dass dieser Wert in Ihrem Unternehmen mit Füßen getreten wird, lohnt es sich, über einen Arbeitsplatzwechsel nachzudenken. Ich kenne viele Firmen, die ernst machen mit der Aussage, dass zufriedene Mitarbeiter das Wichtigste sind.

Sie werden gemerkt haben, worauf meine Tipps zum Umgang mit den Arschlöchern dieser Welt hinauslaufen: Bleiben Sie bei sich und Ihren Gefühlen, erhalten Sie Ihr Selbstwertgefühl aufrecht und lassen Sie nicht zu, dass die Strategien der Arschlöcher das zerstören, was Ihnen wichtig, wertvoll und bedeutsam ist. Bieten Sie keine Angriffsfläche. Verweigern Sie den Arschlöchern die Art gekränkter Aufmerksamkeit, die sie sich wünschen. Oder wollen Sie einem Arschloch auch noch die Bühne ausleuchten?

So bieten Sie Arschlöchern die Stirn 57

Es sind im Wesentlichen drei Dinge, mit denen Sie Arschloch-Attacken wirksam entschärfen:

1. Relax! Sorgen Sie dafür, dass Sie entspannt und in Ihrer Mitte sind: Tun Sie sich regelmäßig etwas Gutes, das Ihnen Spaß macht (Sauna, Wellness, Sport, Kurzurlaube, Verabredungen mit Freunden, Genuss, Lesen …). In Stresssituationen atmen Sie langsam und tief durch den Mund ein und lassen den Atem langsam durch die Nase wieder ausströmen. Spannen Sie bewusst alle Muskeln im Körper an, halten Sie die Spannung für einen Moment und lassen Sie sie dann wieder los. Beide Übungen entspannen Sie und vertreiben negative Gefühle. Wenn Sie ein Meeting haben, ist Ihre Körperhaltung entspannt, aber aufrecht. Eine aufrechte Kopfhaltung führt dazu, dass Sie sich auch innerlich mit den anderen auf Augenhöhe fühlen.

Bild: Wenn Sie ein Meeting haben, ist Ihre Körperhaltung entspannt, aber aufrecht. Eine aufrechte Kopfhaltung führt dazu, dass Sie sich auch innerlich mit den anderen auf Augenhöhe fühlen.

2. Überprüfen Sie Ihre eigenen Gedanken.
Führen Sie sich immer mal wieder vor Augen, dass alles, was Ihr Gegenüber fühlt, denkt und tut, seine oder ihre persönliche Angelegenheit ist. All das hat nicht immer unmittelbar etwas mit Ihnen zu tun, sondern ist abhängig von der Stimmung des anderen und den Erfahrungen, die er oder sie gemacht hat. Erlauben Sie den Menschen in Ihrem Umfeld, Fehler zu machen. Kein Mensch ist perfekt! Wenn jemand etwas sagt, das Ihnen sauer aufstößt, fragen Sie freundlich nach. Versuchen Sie zu verstehen, was der Grund für die Äußerung sein könnte. Hat der betreffende Mensch ein Motiv, Sie zu verletzen? Könnte er/sie neidisch oder seinerseits verletzt sein?

3. Arbeiten Sie an Ihrem Selbstwertgefühl.
Das werden Sie auf den folgenden Seiten noch öfter zu hören bekommen. Bitte sehen Sie es mir nach – das Selbstwertgefühl ist nun mal der Dreh- und Angelpunkt, wenn es darum geht, eine gute Form der Selbstdarstellung zu entwickeln und Arschlöcher in ihre Schranken zu weisen.

Was wir uns von amtlichen Arschlöchern abschauen können

»Wie bitte?«, denken Sie jetzt möglicherweise. »Ich soll mir etwas abschauen von Leuten, mit denen ich aber auch gar nichts gemein haben will?« Ich verstehe Ihre Verwunderung. Schließlich sind die amtlichen Arschlöcher nicht nur höchst unangenehm, sondern, wie wir im letzten Kapitel gesehen haben, in manchen Fällen ja sogar höchst beeinträchtigte und bemitleidenswerte Persönlichkeiten. Aber sehen wir's doch mal nüchtern: Tatsache ist ja, dass viele Arschlöcher im Alltag einiges an Erfolgen vorzuweisen haben.

Wie kommt das? Na ja, es ist eben auch bei den Arschlöchern so wie überall sonst im Leben: Es gibt eine dunkle Seite – über die wir schon ausgiebig gesprochen haben – und eine helle. Man sieht den Arschlöchern ihre negativen Eigenschaften in der Regel ja nicht auf den ersten Blick an. Sie haben eben auch Qualitäten an sich, die durchaus gewinnend sein können. Sicher ist es Ihnen auch schon mindestens einmal passiert, dass jemand, den Sie zunächst als durchaus sympathischen, ja bewundernswerten Menschen kennengelernt haben, sich auf den zweiten Blick als Arschloch entpuppt hat. Und selbst dann kennen Sie möglicherweise dieses Gefühl widerstrebender Bewunderung, wenn der betreffende Mensch wieder einmal erreicht hat, dass alles so läuft, wie er oder sie es will. Also: Vielleicht sollte man den Gedanken, dass man sich von den Arschlöchern etwas abschauen kann, doch nicht gleich wieder verwerfen.

Vielleicht möchten Sie mal an eine dieser Situationen zurückdenken, als jemand, den Sie als richtig fies und unangenehm kennen, es geschafft hat, andere für sich und seine Pläne zu gewinnen? Wie hat er/sie das gemacht? Welche Eigenschaften sind dabei zu Tage getreten, die Sie vielleicht auch gern hätten?

_____

_____

_____

_____

_____

_____

Ich habe mir diese Frage natürlich auch selbst gestellt und bin auf folgende Qualitäten gestoßen:

- Hartnäckigkeit; Unerschütterlichkeit in Bezug auf die eigenen Ideen
- gewinnende Ausstrahlung
- Klarheit und Zielfokussierung
- durchsetzungsstarker Umgang mit anderen Menschen
- Gewinner der Status-Spielchen

Wenn Arschlöcher etwas durchsetzen wollen, lassen sie sich nicht unterbuttern. Sie glauben an ihre Ideen, ohne den geringsten Zweifel zuzulassen, und wissen ganz genau, was sie erreichen wollen. Durch Kritik und negatives Feedback lassen sie sich nicht einschüchtern. Sie sagen nur Ja, wenn ihnen danach ist, aber überdurchschnittlich häufig sagen sie Nein. Sie vermeiden Rechtfertigungen, präsentieren ihre Statements mit fester Stimme, scheinen sich in ihrer Haut rundum wohlzufühlen ... ich könnte die Liste noch eine ganze Weile weiterführen.

Einer meiner letzten Chefs hat mich mit seiner Unerschütterlichkeit immer wieder erstaunt und fasziniert. Er gab sich nicht eher zufrieden, als bis seine Ideen zu seiner Zufriedenheit umgesetzt waren. Eines Tages hatte er den Einfall, das gesamte Vertriebssystem des Unternehmens umzustellen: So sollten etwa die Kunden komplett neu verteilt werden, damit jeder Außendienst-Mitarbeiter die gleiche Kundenzahl und die gleichen Fahrtstrecken hätte. Meine Kollegin und ich schlugen die Hände über dem Kopf zusammen. Wir führten Gegenargumente an, beschworen mögliche Konsequenzen herauf ... umsonst. Das Vertriebssystem wurde komplett umgekrempelt – mit dem Ergebnis, dass unsere Reisekosten sanken. Mitarbeiter und Kunden waren

Was wir uns von amtlichen Arschlöchern abschauen können

über die vielen Neuerungen allerdings gleichermaßen verärgert, was am Umsatz sichtbar wurde. Nachdem einige Monate verstrichen waren, hatten sich alle an die neue Situation gewöhnt, und siehe da: Die Umsätze erholten sich. Unser Chef hatte gewonnen.

Ich weiß nicht, wie es Ihnen geht, aber damals war ich neidisch. So unerschütterlich wäre ich auch gern gewesen ...

Wie steht es um Ihre Unerschütterlichkeit? Wie überzeugt sind Sie von sich selbst? Wenn Sie mögen, beantworten Sie die nächsten zehn Fragen mit »Stimmt« oder »Stimmt nicht«.

1. Ich lasse mich immer wieder von meinen Ideen und meiner Meinung abbringen.
2. Ich weiß, was ich kann und wer ich bin.
3. Wenn ich etwas mache, dann zu 150 Prozent.
4. Was andere über mich denken, ist mir sehr wichtig.
5. Meine Schwächen und Fehler versuche ich nicht zu zeigen.
6. Meine Individualität lebe ich in allen Facetten aus.
7. Im Mittelpunkt zu stehen macht mich unsicher.
8. Ich fühle mich schön und sexy.
9. Meine Gefühle kann ich häufig nicht zum Ausdruck bringen.
10. Ich passe mich gerne den Ideen anderer an.

Auswertung:
Zählen Sie nun die Punkte Ihrer Antworten zusammen:

Fragen	1	2	3	4	5	6	7	8	9	10
Stimmt	5	0	5	5	5	0	5	0	5	5
Stimmt nicht	0	5	0	0	0	5	0	5	0	0

50–30 Punkte

Hier besteht dringender Handlungsbedarf! Sie sind nicht gerade unerschütterlich, was den Glauben an sich selbst betrifft. Das macht Sie unsicher und beeinflussbar – aber wollen Sie wirklich immer nur eine Spielfigur bei den Spielen anderer sein? In Kapitel 3 finden Sie das Rüstzeug, das Sie brauchen, um Ihre Selbstzweifel loszuwerden.

25–15 Punkte

Sie sind zwar noch kein uneingeschränkt begeisterter Fan Ihrer selbst, aber was nicht ist, kann ja noch werden. Die Basis ist vorhanden – wie Sie darauf aufbauen, erfahren Sie im nächsten Kapitel.

10–0 Punkte

»Aber hoppla, hier komme ich!« Okay, Sie sind ziemlich unerschütterlich. Nutzen Sie Kapitel 3, um Ihren starken Auftritt zu perfektionieren und bühnenfein zu machen.

Unerschütterlichkeit beruht auf dem Vertrauen in die eigenen Werte und Fähigkeiten. Wenn Sie sich nichts zutrauen, zurückhaltend, gehemmt und ängstlich agieren, haben Sie mit großer Wahrscheinlichkeit von klein auf Erfahrungen gemacht, die Ihnen das Gefühl gegeben haben, dass Sie nicht genügen, dass mit Ihnen etwas nicht stimmt. Ganz gleich, ob es vornehmlich Ihre Eltern, Ihre Lehrer oder andere erwachsene Bezugspersonen waren, die dieses Gefühl in Ihnen verankert haben: Ihr innerer Kritiker jedenfalls ist hellwach und stets bereit, über Sie herzufallen. Um Ihre Zweifel an sich selbst zu besänftigen, sollten Sie mit dem inneren Kritiker in einen liebevollen Dialog eintreten. Sie können als Ihr eigener Coach agieren, der sich zunächst auf die Suche nach den Ursachen der Selbstzweifel macht und dann behutsam Schritt für Schritt daran arbeitet, Ihnen mehr Vertrauen in die eigenen Kompetenzen und die Fähigkeit zu vermitteln, Rückschläge nicht als Beweis Ihres eigenen Versagens, sondern als wertvolle Erfahrungen zu verbuchen, die Sie weiterbringen. Es gibt ein paar Faustregeln, die dabei helfen, den inneren Kritiker zu besänftigen und liebevoller mit sich selbst umzugehen:

- Setzen Sie sich bewusst zum Ziel, achtsamer mit sich selbst umzugehen.
- Gehen Sie so mit sich selbst um, wie Sie es von Ihren besten Freunden erwarten.
- Machen Sie sich Ihre eigenen Bedürfnisse bewusst und schauen Sie, wie Sie sich jeden Tag etwas Gutes tun können.
- Erinnern Sie sich regelmäßig daran, dass nicht andere Menschen für Ihr Glück verantwortlich sind, sondern dass Sie selbst es in der Hand haben.
- Setzen Sie sich mehr mit Ihren eigenen Gefühlen auseinander, lernen Sie diese ernst zu nehmen, zu verstehen und auszudrücken.

So ungern wir es auch zugeben: Amtliche Arschlöcher haben etwas Gewinnendes. Sie werden wahrgenommen, wenn sie einen Raum betreten, können Geschichten erzählen und Menschen zum Lachen bringen, kommen leicht mit anderen ins Gespräch und entlocken ihnen das, was sie wissen wollen.

Vor einigen Jahren hatte ich das Vergnügen, einem wichtigen Menschen in Deutschlands VIP-Branche vorgestellt zu werden. Er kennt natürlich jeden und ist mit Schauspielern, Models und Modedesignern per Du. Wer von ihm gegrüßt, mit Aufmerksamkeit bedacht oder auf die Einladungslisten der wichtigen Events des Landes gesetzt wird, darf sich geadelt fühlen und sich mächtig etwas darauf einbilden. Wenn man ihn nicht kennt, wirkt er arrogant, kalt und abweisend. Jahrelang schaute er mich nicht einmal mit seinem Hintern an, geschweige denn, dass er ein einziges Wort mit mir sprach. Das änderte sich schlagartig mit dem Erfolg meines ersten Buches. Plötzlich suchte er das Gespräch, erzählte mir spannende Geschichten aus dem Showbiz, stellte mich wichtigen Menschen vor und verhielt sich äußerst aufmerksam und gewinnend. Hätte ich seine andere Seite nicht bereits kennengelernt, wäre ich seinem Charme wohl erlegen. So aber blieb ich auf der Hut. Und inzwischen hat sich meine Einschätzung bestätigt, dass dieser Mann seine Aufmerksamkeit an- und ausknipst in Abhängigkeit davon, ob er sich von anderen einen Nutzen verspricht oder nicht.

Ich gehe davon aus, dass Sie nicht als Arschloch enden, sondern andere Menschen nachhaltig für sich gewinnen möchten. Das schaffen Sie nicht mit oberflächlichen Aufmerksamkeiten, sondern mit echtem Charisma. Charisma ist eng verknüpft mit Lebendigkeit, Selbstvertrauen, Leidenschaft, Lebensfreude, Interesse an anderen und Mut. Es hilft Ihnen, gesehen zu werden, bringt spannende Menschen (Freunde, Kunden, Partner ...) in Ihr Leben und ermöglicht Ihnen, Ihre Ziele zu verwirklichen.

Echte Ausstrahlung hat viel damit zu tun, dass man schlicht man selbst ist, aber es gibt darüber hinaus noch ein paar klassische charismatische Qualitäten, an denen zu arbeiten sich lohnt. Mehr dazu in Kapitel 3 ...

»Aus Träumen werden Visionen, aus Visionen werden Ziele, aus Zielen werden Wege, auf Wegen machen wir unsere Schritte, und mit dem ersten beginnt die Realität!«

Mathieu Kadée

Die Arschlöcher unter uns wissen ganz genau, was sie wollen. Auch auf die Gefahr hin, dass Sie jetzt zusammenzucken und mich pietätlos finden: Ich habe neulich die Stichworte »Steve Jobs« und »Arschloch« im Internet recherchiert. Der Apple-Gründer ist ja u. a. seiner Zielstrebigkeit wegen schon zu Lebzeiten zur Legende geworden. Im Alter von 21 Jahren schmiss er sein Studium und ließ seine Umwelt wissen, dass er fortan Computer für jedermann kreieren wolle. Was er dann auch tat – hochmotiviert und unbeeindruckt von Rückschlägen. Bereits mit 23 ist war Millionär, mit 25 unermesslich reich. Jobs hat seine Vision umgesetzt und dabei das Leben von Millionen Menschen beeinflusst, Branchen erschaffen und revolutioniert. Pepsi-Chef John Sculley soll er mit folgender Frage überzeugt haben, zu Apple zu wechseln:

»Willst du den Rest deines Lebens damit zubringen, Zuckerwasser zu verkaufen, oder willst du die Welt verändern?«

Eine Frage, die zu stellen sich für jeden von uns lohnt, finde ich. Es muss ja nicht gleich die Apple-Dimension sein, aber dass jeder von uns das Potenzial hat, die Welt – seine Welt – zu verändern, etwas zu bewegen, davon bin ich fest überzeugt. Doch lassen Sie mich noch kurz auf meine Internet-Recherche zurückkommen. »Steve Jobs« + »Arschloch« ergab über 40 000 Treffer. Jobs war im Umgang mit anderen Menschen anscheinend überaus rüde, verletzend und egoman.

> »Für einen, der nicht weiß, welchen Hafen er ansteuern will, weht kein günstiger Wind.«
> *Seneca*

Wie sieht es mit Ihrer Klarheit und Zielorientierung aus? Wissen Sie genau, was Sie wollen, stehen Sie sich manchmal selbst im Weg, oder haben Sie eigentlich gar keinen Plan?

Nicht mit mir!

Beantworten Sie die folgenden 20 Fragen.

1. In meinem Leben ...
   a) ... lasse ich die Dinge einfach auf mich zukommen.
   b) ... habe ich schon ab und an Ziele definiert.
   c) ... habe ich immer ganz klare Ziele vor Augen.

2. Meine Vorsätze an Silvester/am Geburtstag für das nächste Jahr ...
   a) ... setze ich konsequent und diszipliniert um.
   b) ... halten ein paar Wochen an, bevor ich sie ad acta lege.
   c) ... halten keinen Tag.

3. Mit meinen Ideen ...
   a) ... halte ich lieber hinterm Berg.
   b) ... begeistere ich andere Menschen.
   c) ... habe ich schon viele Menschen infiziert und konnte sie erfolgreich in die Praxis umsetzen.

4. Mein Körper ...
   a) ... ist mir nicht wichtig.
   b) ... ist meine Altersvorsorge, darum versuche ich, ihm nicht zu schaden.
   c) ... wird von mir aktiv gehegt, gepflegt und fitgehalten.

5. Dinge, die ich erreichen wollte, ...
   a) ... habe ich zum Teil hinbekommen.
   b) ... habe ich alle erreicht.
   c) ... habe ich noch nicht mal ansatzweise umgesetzt.

6. Meine bisherigen Ziele ...
   a) ... konnte ich nicht erreichen, da sie zu unrealistisch waren.

b) ... habe ich in Etappenziele gegliedert und mit dieser Strategie locker erreicht.

c) ... habe ich visualisiert, mich hineingefühlt und sie letztendlich auch erreicht.

7. Ziele setzen ...
   a) ... bringt nichts.
   b) ... kann man in allen Lebensbereichen.
   c) ... macht besonders im beruflichen Bereich Sinn.

8. Während meiner Schulzeit ...
   a) ... habe ich mir klare Leistungsziele gesetzt.
   b) ... bin ich von Schuljahr zu Schuljahr gerutscht, ohne mir groß Gedanken zu machen.
   c) ... bin ich immer dann aktiv geworden, wenn ich Probleme hatte.

9. Meine Ausbildung/mein Studium ...
   a) ... habe ich mir entsprechend meinen Fähigkeiten und Stärken ausgewählt.
   b) ... habe ich durch Zufall gefunden.
   c) ... habe ich absolviert, damit ich etwas habe.

10. Laster wie Rauchen, Trinken, übermäßiges Essen etc. ...
    a) ... habe ich viele.
    b) ... habe ich eines.
    c) ... versuche ich in der Balance zu halten.

11. Festlegen kann ich mich ...
    a) ... nur schwer.
    b) ... ab und zu.
    c) ... sehr gut, und ich halte die Verpflichtung dann auch ein.

12. Details ...
    a) ... benötige ich, um mich auf das große Ganze konzentrieren zu können.
    b) ... bringen mich schier um den Verstand.
    c) ... sind wichtig, um zu einem fundierten Eindruck zu gelangen.

13. Meine Vorstellungsgabe ist ...
    a) ... nicht vorhanden.
    b) ... mäßig vorhanden.
    c) ... stark und prägend.

14. Prioritäten sind ...
    a) ... da, um sie einzuhalten.
    b) ... Zeitverschwendung.
    c) ... wichtig, um sich gut zu organisieren.

15. Einwände von anderen Menschen ...
    a) ... lassen mich stutzen und zurückrudern.
    b) ... schaue ich mir neutral an.
    c) ... stacheln mich erst recht an, meine Ideen umzusetzen.

16. Fakten ...
    a) ... benötige ich nicht, mein Bauch entscheidet.
    b) ... brauche ich unbedingt, um die nötigen Schlüsse zu ziehen.
    c) ... beziehe ich bei meinen Entscheidungen immer mit ein.

17. In meinem Leben ...
    a) ... bin ich im Hier, Jetzt und Heute.
    b) ... befasse ich mich intensiv mit meiner Vergangenheit.
    c) ... hoffe ich auf Zufälle.

Was wir uns von amtlichen Arschlöchern abschauen können 69

18. Was mir gut tut und was ich will, …
    a) … bestimmt mein Leben und Handeln.
    b) … möchte ich gerne herausfinden.
    c) … kann ich nicht beurteilen.

19. Bei meinen Visionen …
    a) … habe ich immer das Endziel im Auge.
    b) … spielen die Etappen eine wichtige Rolle.
    c) … habe ich stets das Gefühl: »Das schaffst du ja doch nicht.«

20. Ich bin überzeugt, …
    a) … dass das Schicksal mein Leben lenken wird.
    b) … dass ich Einflussmöglichkeiten auf den Verlauf meines Lebens habe.
    c) … dass ich vieles durch meine Ideen/Visionen mit gestalten kann.

Auswertung:
Zählen Sie nun die Buchstaben der angekreuzten Antworten zusammen.

Fragen	1	2	3	4	5	6	7	8	9	10
a)	C	A	C	C	B	C	C	A	A	C
b)	B	B	B	A	A	B	A	C	B	B
c)	A	C	A	B	C	A	B	B	C	A

Fragen	11	12	13	14	15	16	17	18	19	20
a)	C	A	C	A	C	B	A	A	A	C
b)	B	C	B	C	B	A	C	B	B	B
c)	A	B	A	B	A	C	B	C	C	A

Sie haben die meisten Antworten bei A?
Dann gehören Sie dem Typus des *Zielorientierten* an. Einfach so dahinzuleben, alles laufen zu lassen, etwas auf gut Glück zu tun – all das gibt es bei Ihnen nicht. Sie haben Visionen, fassen Ihre Ziele präzise ins Auge, können die Konsequenzen Ihres Handelns gedanklich schon einmal vorwegnehmen und verfolgen unbeirrbar Ihre Ziele. Erst wenn diese erreicht sind, Sie also bekommen, was Sie avisiert haben, sind Sie eine gewisse Zeit lang zufrieden, um dann neue Ziele ins Visier zu nehmen. Mit dieser Haltung sind Sie für Ihre Mitmenschen ein großes Vorbild und für Ihre Konkurrenten ein harter Gegner. Sie wissen immer, welcher Hafen angesteuert werden soll.

Ihre Antworten konzentrieren sich bei B?
Dann sind Sie ein *Verhinderer*. Sie haben genaue Vorstellung von den Zielen, die Sie erreichen wollen. Aber »wie zufällig« gelingt es Ihnen einfach nicht, diese Ziele zu verinnerlichen, konsequent zu verfolgen und zum avisierten Erfolg zu führen. Ständig kommt Ihnen etwas dazwischen, werden Sie abgelenkt von neuen Einfällen – oder Sie bekommen ein negatives Feedback und legen Ihr Ziel ad acta. Haben Sie sich schon einmal überlegt, woher das kommen könnte? Wäre es möglich, dass Sie gerne am Vertrauten festhalten und das Neue Ihnen Angst einjagt? Dabei sind Ihre Ideen so gut … Sie müssen nur noch schaffen, sie auch konsequent umzusetzen. In Kapitel 3 finden Sie Anregungen dazu.

Sie haben vor allem C-Antworten?
Dann sind Sie in Sachen Zielorientierung eher ein *Verunsicherter*. Vielleicht ist Ihnen auch gar nicht bewusst, wie viele Teile Ihres Lebens Sie selbst in der Hand haben? Auf alle Fälle verwerfen Sie Ihre Ideen fast im selben Augenblick, in dem Sie sie haben. Was auf den ersten Blick wie Zerstreutheit anmuten mag, kann in Wahrheit ein tiefgreifendes Selbstwertproblem sein. Sie sind sich unsicher, ob Ihre Ideen umsetzbar sind, Sie trauen sich

deren Erfüllung nicht zu oder zweifeln daran, ob Sie auf dem richtigen Weg sind. Noch belastender für Sie ist möglicherweise die Frage, ob Sie auch dann noch geliebt werden, wenn Sie Fehler machen. Machen Sie sich bewusst, dass Sie auf diese Weise die Steuerung Ihres Lebens anderen überlassen. Im nächsten Kapitel erfahren Sie, wie Sie das Ruder wieder selbst in die Hand nehmen, Ihren Kurs bestimmen und dann auch halten können.

> **Übung 1**
> Stellen Sie sich vor, Sie stehen in einer Schlange und jemand drängelt sich an Ihnen vorbei. An der Bar sind Sie ganz klar vor dem Mann neben Ihnen gekommen, und trotzdem wird dieser zuerst bedient. An der Supermarkt-Kasse geht ein Mensch mit nur zwei Teilen an Ihnen vorbei und fragt Ihren Vordermann, ob er ihn vorlässt (und der bejaht). Im Restaurant gehen Sie kurz auf die Toilette, und als Sie zurückkommen, sitzt jemand an Ihrem Tisch ... Wie reagieren Sie in den geschilderten Situationen?
>
> _____
>
> _____
>
> _____
>
> _____

Erfahrungsgemäß lassen die meisten Menschen die Situation laufen, obwohl sie sich ärgern. Liebend gerne würde man die Arschlöcher, die sich nehmen, was ihnen nicht zusteht, vor aller Ohren so richtig in den Senkel stellen. Stattdessen beschwichtigt man sich selbst damit, dass man ja Zeit habe und diese Menschen eben schlicht eine schlechte Kinderstube genossen hätten. Die meisten von uns haben Angst vor der offenen Konfrontation, Angst, dabei vor anderen Menschen das Gesicht zu verlieren, Angst, dem verbalen Schlagabtausch nicht gewachsen zu sein. Doch wenn Sie mal genauer hinschauen: Wem schaden Sie am meisten, indem Sie nichts sagen und diese Grenzverletzung einfach dulden? Klar: Sich selbst natürlich. Der Ärger darüber, klein beigegeben zu haben, wird Sie höchstwahrscheinlich noch Stunden später umtreiben.

Arschlöcher sind richtig gut darin, ihren Status und Rang zu behaupten und so ihre Interessen durchzusetzen. Aber wer sagt eigentlich, dass Sie sich dabei klein und unwichtig vorkommen müssen?

Lassen Sie uns doch eine der oben beschriebenen Situationen einmal weiter durchspielen: Nehmen wir an, Sie sitzen an einem schönen, gemütlichen Tisch in einem Café und müssen kurz zur Toilette. Ihre Jacke lassen Sie über der Stuhllehne hängen, um sichtbar zu machen, dass dieser Tisch besetzt ist. Außerdem zeugt Ihre Kaffeetasse davon, dass hier jemand sitzt. Sie kehren von der Toilette zurück und finden an »Ihrem« Tisch eine fremde Person vor, die bereits eine Bestellung aufgegeben hat. Welche Reaktionsmöglichkeiten haben Sie?

_____

_____

_____

_____

_____

_____

_____

Sie könnten …

a) … die Person freundlich darauf hinweisen, dass dies Ihr Tisch ist.
b) … den Kellner dazuholen, damit dieser Ihnen bestätigt, dass Sie zuerst hier saßen.
c) … gar nichts sagen und sich einfach setzen.
d) … den neuen Tischpartner begrüßen und ein Gespräch beginnen.
e) … aus der Haut fahren und lautstark über das unhöfliche Verhalten anderer Menschen lamentieren.
f) … energisch darum bitten, dass die Person den Tisch verlässt.

Welche Variante haben Sie gewählt? Und was sagt das über Sie aus?

Bevor wir uns das näher ansehen, möchte ich Sie mit dem »Status-Modell« von Tom Schmitt und Michael Esser bekannt machen.

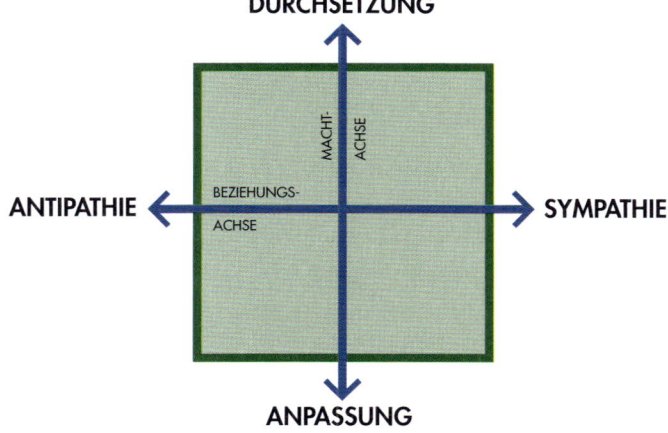

Dieses Modell geht von vier Status-Möglichkeiten aus: hoher oder niedriger Status, innerer und äußerer Status. Der innerlich gefühlte Status entspricht nicht unbedingt dem Status, den man mittels seiner Äußerungen, seiner Körpersprache und Mimik nach außen zeigt:

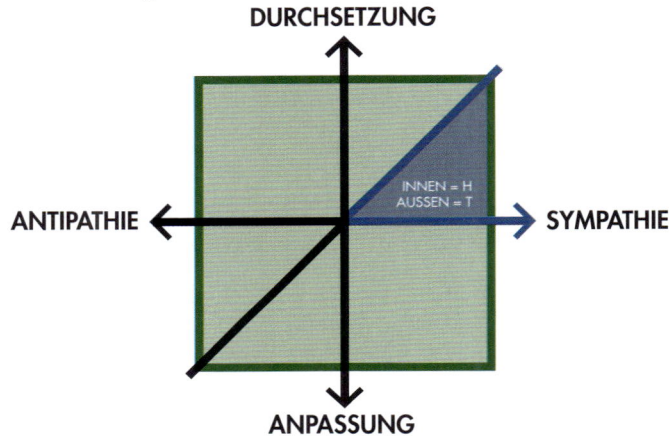

Ein Mensch, dessen innerer Status hoch ist, während der nach außen gezeigte eher niedrig ist, ist sich seiner Sache sicher, gibt sich aber freundlich und kompromissbereit. Diese Menschen werden somit als zuvorkommend und sicher wahrgenommen. Sie wissen, was sie wollen, verfolgen ihre Ziele aber diplomatisch, geschickt und taktisch klug. Ihr Umfeld schätzt sie wegen ihrer diplomatischen, charismatischen Art. Ein Mensch dieses Typus würde in der Café-Situation etwa sagen:

»Mensch, kaum ist man weg, ist der Platz neu besetzt!«

»Sind wir verabredet, kennen wir uns?«

»Das ist doch mal eine Überraschung, herzlich willkommen an meinem Tisch, ich kann heute den Pflaumenkuchen wärmstens empfehlen.«

»Können Sie mir etwas empfehlen?«
Auf diese Weise wird klar, aber freundlich signalisiert: Das hier ist mein Tisch, und ich bin sehr überrascht, dass Sie nun plötzlich hier sitzen.

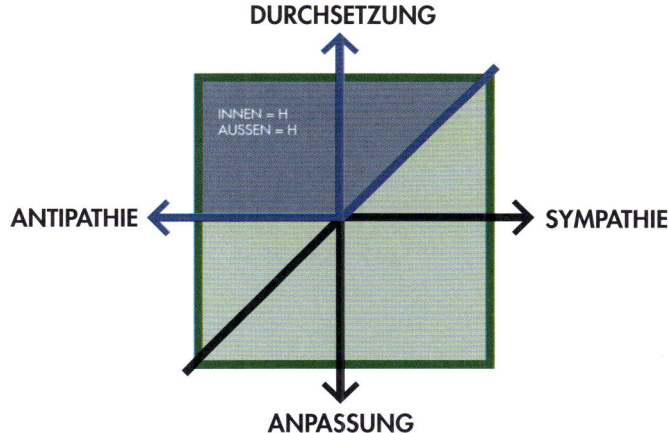

Menschen mit diesem Status-Zustand fühlen sich innerlich der Situation gewachsen und signalisieren dies auch nach außen. Sie wissen genau, was sie wollen, und machen dies nach außen unmissverständlich klar. Sie sind es gewohnt, zu bestimmen und andere Menschen in ihre Schranken zu weisen. Solche Menschen werden als Macher, als Bestimmer wahrgenommen, der sich nicht die Wurst vom Brot nehmen lässt.

Solch ein Mensch würde im Café sagen:

»Entschuldigen Sie bitte, das ist mein Tisch!«

»Schön, dass Sie auf den Tisch aufgepasst haben, ich bin dann jetzt wieder hier ...«

»Bitte verlassen Sie meinen Tisch!«

Hier besteht kein Zweifel daran, was sie von ihrem Gegenüber erwarten!

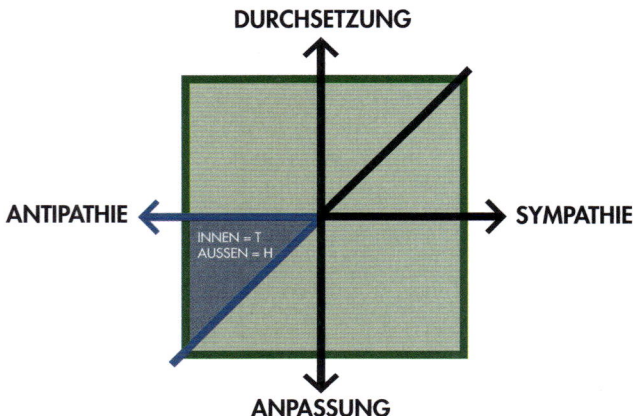

Dieser Status-Zustand liegt vor, wenn ein Mensch sich innerlich mit einer Situation überfordert fühlt, dies aber keinesfalls nach außen zeigen will. So jemand verhält sich tendenziell zickig, arrogant und zu laut ... und wird von anderen entsprechend wahrgenommen.

Mögliche Antworten am Kaffeehaus-Tisch wären:

»Unverschämt! Da ist man mal eine Minute weg, und schon sitzen Sie hier!«

»Herr Ober, würden Sie bitte dieser Person sagen, dass es sich hier um meinem Tisch handelt!«

»Manieren sind heutzutage wohl auch zur Glückssache geworden!«

Durch dieses Verhalten wird man sein Ziel, die andere Person zu vertreiben, zwar möglicherweise erreichen, allerdings um den Preis, eine Szene gemacht und Diskussionen provoziert zu haben.

Nicht nur der »Eindringling« wird zu Recht den Eindruck haben, dass die Situation sich auch mit deutlich weniger Empörung hätte auflösen lassen.

Was wir uns von amtlichen Arschlöchern abschauen können   77

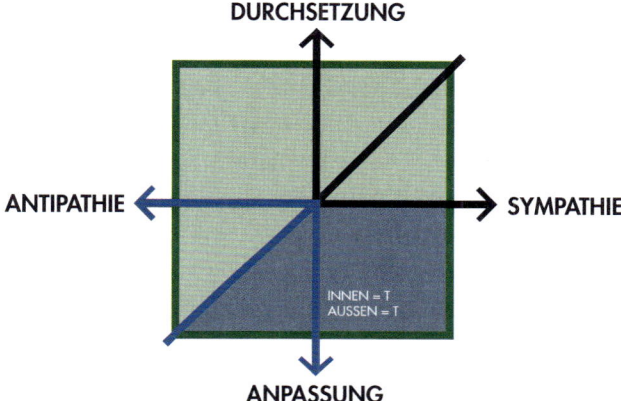

Menschen mit diesem Status-Zustand sind sich ihrer Sache nicht sicher und wollen nach außen möglichst wenig auffallen. Sie geben schnell nach, sind leicht zu überzeugen und werden von anderen als liebenswerte, stets kompromissbereite, aber auch schwache Menschen wahrgenommen.

Bei der Situation im Café würde so jemand sich vermutlich hinsetzen, ohne irgendetwas zu sagen oder allenfalls murmeln, dass man ohnehin im Aufbruch begriffen sei. Oder er/sie würde den unverhofften Tischgenossen begrüßen und ein Gespräch anfangen.

Mag sein, dass man mit diesem Verhalten bei anderen ganz sympathisch rüberkommt – aber was ist mit den eigenen Bedürfnissen?

Lassen Sie mich die vier Status-Zustände und ihre Wirkung auf andere noch einmal kurz zusammenfassen:

- Innerlich hoher, äußerlich niedriger Status: Sie gelten als sympathisch und werden respektiert.
- Innerlich und äußerlich hoher Status: Man respektiert Sie und tut, was Sie sagen. Als sympathisch empfindet

Sie allerdings kaum jemand, eher als hart und kompromisslos.
- Innerlich niedriger, äußerlich hoher Status: Andere fühlen sich in Ihrer Gegenwart unbehaglich. Sie verschaffen sich so weder Respekt noch Sympathie.
- Innerlich und äußerlich niedriger Status: Andere mögen Sie, respektieren Sie aber nicht.

> **Übung 2**
> Können Sie die weiter oben (S. 73) aufgelisteten Antworten den vier Status-Zuständen zuordnen?
>
> _____
> _____
> _____
> _____
> _____
>
> Die Auflösung:
> a) innerlich hoher, äußerlich niedriger Status
> b) innerlich niedriger, äußerlich hoher Status
> c) innerlich und äußerlich niedriger Status
> d) innerlich und äußerlich niedriger Status
> e) innerlich niedriger, äußerlich hoher Status
> f) innerlich und äußerlich hoher Status.

Und – wie haben Sie abgeschnitten?

Sie wissen jetzt, wo wir uns vom Verhalten der Arschlöcher durchaus eine Scheibe abschneiden können. In Kapitel 3 erfahren Sie, wie Sie diese Eigenschaften einüben und ausbauen, dabei aber dennoch Sie selbst bleiben können. Um ein guter Selbstdarsteller zu sein und für Ihre Interessen einzustehen, müssen Sie nämlich kein Arschloch werden ...

Kapitel 3

FORMEL »Ich« – was gute Selbstdarstellung ausmacht

Die meisten von uns dürften zum Thema Selbstdarstellung eher negative Assoziationen haben. Selbstdarsteller – sind das nicht die Leute, die einen Riesenwind um sich erzeugen, und wenn man dann genauer hinsieht, ist alles meist nichts weiter als heiße Luft? Wie das geht, machen nicht zuletzt zahlreiche Prominente und solche, die es gern wären, in Fernsehen, Illustrierten und im Internet vor, und das Tag für Tag. Bei so viel geballter Eitelkeit kann einem tatsächlich die Lust auf das Thema vergehen.

Mir geht es um etwas anderes. Selbstdarstellung muss nicht heißen, der eigenen Person einen Anspruch überzustülpen, der ein paar Nummern zu groß ist oder schlicht nicht zum Charakter passt. Selbstdarstellung im guten Sinne setzt auf Authentizität. Gute Selbstdarsteller, wie ich sie verstehe, sind Menschen, die einfach sie selbst sind. Menschen, die ohne gefälschtes, vermeintlich grandioses Image daherkommen, die andererseits aber auch ohne falsche Scham wissen, was sie können, und dies auch zeigen. Wer auf diese Art bei sich selbst ist, gewinnt eine Ausstrahlung, die für andere Menschen überzeugend und letztlich unwiderstehlich ist, und das weit über den ersten Eindruck hinaus.

Ja, schön wär's, wenn das immer so leicht wäre, mögen Sie jetzt denken. Stimmt – »einfach man selbst sein« ist gar nicht so einfach. Oft genug haben wir den Eindruck, dass bestimmte Situationen uns dazu zwingen, uns zu verstellen, oder dass andere Menschen uns mit ihrem Auftreten einfach erdrücken. Nur langsam. Niemand verlangt von Ihnen, dass Sie im Handumdrehen zum strahlenden Mittelpunkt jeder Unterhaltung werden. Sie können Ihre Selbstdarstellung Schritt für Schritt und ganz gemütlich zu verändern beginnen. Die von mir entwickelte FORMEL-»Ich«-Methode hilft Ihnen dabei. FORMEL steht für

F – Finden Sie zu Ihrem Potenzial.
O – Orientieren Sie sich an Ihrer Einzigartigkeit.
R – Richten Sie sich neu aus.
M – Machen Sie die ersten Schritte.
E – Erfinden Sie sich immer wieder neu.
L – Lieben Sie das, was Sie tun.

Was das im Einzelnen bedeutet, möchte ich in den folgenden Abschnitten gerne mit Ihnen gemeinsam erkunden. Sie werden dabei unter anderem erfahren, was eine gute Selbstdarstellung mit Ihren persönlichen Ressourcen zu tun hat und wie Sie eine selbstsichere Ausstrahlung entwickeln. Sie werden das Einmaleins der Körpersprache erlernen und die Landkarte Ihres Lebens entwerfen. Praktische Übungen helfen Ihnen dabei, Ihr neues Wissen gut zu verankern, so dass es Ihnen im Alltag zur Verfügung steht. Den Lohn Ihrer Mühen ernten Sie dabei nicht erst eines fernen Tages, sondern schon während Sie gewissermaßen noch »unterwegs« sind. Nicht nur Sie selbst, sondern auch die anderen werden merken, dass sich bei Ihnen etwas tut ...

Also: Wollen wir aufbrechen?

F – Finden Sie zu Ihrem Potenzial

»Stärke wächst nicht aus körperlicher Kraft – vielmehr aus unbeugsamem Willen.«

Mahatma Gandhi

Wer sind Sie? Wie stehen Sie zu sich selbst? Was macht Sie einzigartig? Was können Sie besonders gut? Um Antworten auf diese Fragen zu finden, können Sie den folgenden Test durchführen. Seien Sie dabei ehrlich mit sich selbst, denn nur so erhalten Sie ein realistisches Bild Ihrer Eigenwahrnehmung.

1. Wenn ich morgens vor dem Spiegel stehe, …
    a) … betrachte und bewundere ich meine Vorzüge.
    b) … gehe ich selbstkritisch mit mir um, betrachte mich aber grundsätzlich wohlwollend.
    c) … würde ich am liebsten wegschauen.

2. Wenn mal etwas nicht so läuft, wie ich es mir vorstelle, …
    a) … bin ich wütend über mich und meine Unfähigkeit.
    b) … beschimpfe ich mich innerlich selbst.
    c) … versuche ich, das Beste aus der Situation zu machen.

3. Beruflich …
    a) … habe ich etwas gefunden, das mich erfüllt und meinen Stärken entspricht.
    b) … bin ich unglücklich und freue mich über jeden Arbeitstag, der hinter mir liegt.
    c) … gibt es mehrheitlich gute Tage.

4. In meiner Freizeit ...
   a) ... bin ich einfach nur »platt« und muss ich mich vom Arbeitsalltag erholen.
   b) ... bin ich für meine Freunde da und treibe Sport.
   c) ... tanke ich neue Energie mit Dingen, die ich mag.

5. Mit meinem Körper bin ich ...
   a) ... chronisch unzufrieden – der liebe Gott hat es nicht besonders gut mit mir gemeint.
   b) ... komme ich inzwischen gut klar – ich akzeptiere meine Schwachstellen.
   c) ... glücklich! Er funktioniert einwandfrei, und manches an ihm ist richtig schön.

6. Im Vergleich zu meinen Mitmenschen ...
   a) ... ziehe ich immer den Kürzeren.
   b) ... geht es mir gut.
   c) ... stehe ich nicht besser, aber auch nicht schlechter da als andere.

7. Berufliche Weiterbildung ...
   a) ... ist mir sehr wichtig! Ich möchte gern auf dem neuesten Stand sein.
   b) ... habe ich nach der Ausbildung/dem Studium schleifen lassen.
   c) ... gehört zu meinem Alltag. Ich möchte mein Gehirn trainieren und fit für den Arbeitsmarkt sein.

8. Wenn man mir Komplimente macht, ...
   a) ... freue ich mich und bedanke mich dafür.
   b) ... bin ich eher verunsichert und frage mich, was der andere mit dem Kompliment bezweckt.
   c) ... gebe ich Erklärungen ab, die das Kompliment kaputtmachen.

9. Beim Shoppen ...
   a) ... halte ich immer Ausschau nach Geschenken für Freunde und Familie.
   b) ... belohne ich mich als Erstes.
   c) ... halte ich mich zurück – meine Sachen sind ja noch in Ordnung.

10. Bei der Ernährung ...
    a) ... esse ich das, was auf den Tisch kommt.
    b) ... esse ich vor allem das, was mir schmeckt.
    c) ... schaue ich sehr bewusst hin, um meinen Körper möglichst gesund zu halten.

Auswertung:
Übertragen Sie nun bitte Ihre Antworten in die Tabelle.

Fragen	1	2	3	4	5	6	7	8	9	10
a)	3	2	3	1	1	1	2	3	2	1
b)	2	1	1	2	2	2	1	2	3	2
c)	1	3	2	3	3	3	3	1	1	3

Zählen Sie nun Ihre Punkte zusammen:

30–25 Punkte
Herzlichen Glückwunsch! Sie sind mit sich ganz gut im Reinen! Sie haben keine Angst, die Anerkennung anderer zu verlieren, und können deshalb klar und authentisch kommunizieren und handeln. Komplimente wie auch kritisches Feedback können Sie gleichermaßen austeilen wie einstecken. Ihre Energie schöpfen Sie aus sich selbst.

24–19 Punkte
Sie kommen in mancherlei Hinsicht ganz gut mit sich selbst klar, sind aber nicht durchgängig »bei sich«. Manchmal gehen Sie mit sich selbst ziem-

lich hart ins Gericht, und negatives Feedback kann Sie aus der Bahn werfen. Werden Sie versöhnlicher mit sich selbst. Führen Sie sich statt Ihrer Schwächen lieber Ihre Stärken vor Augen. Versuchen Sie sich nicht an anderen zu orientieren, sondern spüren Sie in sich selbst, was richtig und was falsch für Sie ist.

18–10 Punkte
Könnte es sein, dass Sie sich selbst nicht leiden können? Sie neigen dazu, Ihre eigenen Wünsche und Bedürfnisse hintanzustellen und sich allzu sehr an der Meinung anderer zu orientieren. Machen Sie sich ruhig einmal bewusst, dass Sie einzigartig sind. Kümmern Sie sich mehr um sich selbst. Sie sind der Mittelpunkt Ihrer Welt, darum schauen Sie, dass Sie nicht zu kurz kommen!

Sie haben sicher gemerkt, dass es in diesem Test um die vielzitierte Selbstliebe ging. Aber was ist das eigentlich? Selbstliebe bedeutet die uneingeschränkte Annahme seiner selbst – mit den vorhandenen Stärken und Schwächen: Sich selbst zu lieben heißt, sich selbst zu achten, den eigenen Wert zu kennen und in allen Situationen liebevoll und verständnisvoll mit sich selbst umzugehen. Das hat erst einmal nichts zu tun mit Narzissmus oder Überheblichkeit.

So weit die Theorie ... Die Praxis sieht (leider) anders aus. Wir alle hadern mehr oder weniger stark mit unseren Schwächen, orientieren uns immer wieder an anderen Menschen und legen Maßstäbe an, die uns nicht wirklich angemessen sind. Würde man unseren inneren Dialog laut übertragen, käme einiges an Grobheiten zum Vorschein. Mit anderen Menschen würden wir uns niemals trauen so zu reden. Warum dann aber mit uns selbst?

Wo liegen Ihre Stärken?

Den meisten von uns fällt es ziemlich schwer, die eigenen Stärken angemessen wahrzunehmen, also das, was wir richtig gut können, was uns auszeichnet und besonders macht. Oder können Sie auf Anhieb zehn bis zwanzig Stärken von sich aufzählen? (Und damit meine ich nicht: »Ich bin freundlich/zuverlässig/vertrauenswürdig« usw.) In puncto Schwächen hingegen fällt Ihnen vermutlich auf Anhieb einiges ein. Aber mal ehrlich: Wozu sollen wir unsere Schwächen aufzählen? Die sind jedem einschlägig bekannt und entsprechend langweilig – mal ganz abgesehen davon, dass sie uns nicht weiterbringen!

Nehmen Sie mich als Beispiel. Ich bin eine miserable Hausfrau, und ohne meine fleißige Fee würde ich im Chaos versinken. Ich bin chaotisch, unstrukturiert, spiele außer Blockflöte kein Instrument, und auch mit der Flöte würde ich in einer Fußgängerzone nur mitleidige Blicke ernten oder gar Tomatenübergriffe riskieren. Auf Skiern werde ich von zwei- bis dreijährigen Kindern überholt, meine Oberschenkel sind kleine Cellulite-Kraterlandschaften, und beim Zusammenbau von Ikea-Möbeln brauche ich Beruhigungsmittel, weil ich die Möbelteile in alles verwandeln kann, nur nicht in die vorgesehene Form bringen – Sie sehen, ich könnte Sie wahrscheinlich noch stundenlang mit meinen Schwächen quälen, doch darum geht es hier nicht. Denn trotz meiner augenscheinlichen Macken bin ich ein liebenswerter und toller Mensch, der viel zu bieten hat – beispielsweise Humor, Kommunikations- und Begeisterungsfähigkeit, eine schnelle Auffassungsgabe, Kreativität, Verrücktheit, Mut, Entscheidungsfreude, Zielorientierung, Optimismus und ein schauspielerisches Talent. Inzwischen nutze ich diese Stärken aktiv für meine tägliche Arbeit und fühle mich die meiste Zeit wohl in meiner Haut.

Doch zurück zu Ihnen. Nehmen Sie doch mal ein Blatt zur Hand und schreiben Sie Ihre einzigartigen Stärken auf. Wie gesagt: Hier sollten keine Tugenden wie Freundlichkeit, Zuverlässigkeit und Fleiß stehen. Sie haben mehr zu bieten als das! Schreiben Sie auf, was Sie zu einem besonderen Menschen macht.

Vielleicht helfen Ihnen beim Nachdenken über Ihre Stärken die folgenden Fragen:

Was machen Sie so richtig gerne?
Was erfüllt Sie mit Freude und Motivation?
Wobei sind Sie richtig ausdauernd und voller Power?

Fallen Ihnen Dinge ein, die Sie viel zu selten tun, obwohl sie Sie begeistern?

Übung 3
Meine individuelle Stärkenliste:

_____
_____
_____
_____
_____
_____
_____

Versuchen Sie die Liste Ihrer Stärken nach und nach zu ergänzen, so dass Sie im Laufe der nächsten Wochen auf etwa 30–50 Stärken kommen. Natürlich können Sie auch Freunde, Bekannte und Arbeitskollegen zu Ihren Stärken befragen oder die untenstehende Stärkenliste nutzen.

Übrigens: Wenn wir etwas so richtig gut können, werden wir allmählich blind für diese Fähigkeit. Das liegt schlicht daran, dass sie uns in Fleisch und Blut übergegangen ist. Schauen Sie sich darum die Liste Ihrer Stärken immer mal wieder an, am besten morgens vor dem Aufstehen und abends vor dem Schlafengehen. Sagen Sie sich Ihre Stärken ruhig auch laut auf und lassen Sie dabei Stolz in sich aufkommen. Je mehr Sie sich mit Ihren Stärken befassen, umso bewusster werden sie Ihnen.

> **Stärken von A –Z**
>
> A wie … ausgeglichen, achtsam, agil, aufgeschlossen, ausdauernd, aufrichtig, abenteuerlustig, abwägend, abgeklärt, aufmerksam, amüsant, aufgeweckt, anpassungsfähig, …
>
> B wie … bodenständig, bezaubernd, bewusst, bestimmend, beständig, bescheiden, belastbar, behutsam, beherzt, beherrscht, beharrlich, begeisterungsfähig …
>
> C wie … couragiert, charmant, charismatisch, cool, clever …
>
> D wie … diszipliniert, dynamisch, diskret, durchsetzungsstark, diplomatisch …
>
> E wie … ehrlich, empfindsam, effizient, energiegeladen, einfallsreich, elegant, einfühlsam, engagiert, eigenständig, erfinderisch, entspannt, extrovertiert, ernsthaft, ermutigend, experimentierfreudig …
>
> F wie … feinfühlig, freidenkend, freimütig, fürsorglich, flexibel, feinsinnig, fair, fröhlich, furchtlos ..
>
> G wie … gütig, großzügig, gründlich, gesellig, geschickt, gerecht, geradlinig, gelassen, geistreich, geheimnisvoll, gefühlvoll, geduldig, gebildet, gastfreundlich …
>
> H wie … heiter, hingebungsvoll, herzlich, humorvoll, hilfsbereit, hintergründig …

I wie ... intuitiv, integer, innovativ, ideenreich, initiativ, intensiv, inspirierend, intellektuell ...
K wie ... kontaktfreudig, kraftvoll, kreativ, konstant, kommunikativ, kollegial, klar, klug, kämpferisch, kritisch, konsequent, kultiviert ...
L wie ... lebhaft, leidenschaftlich, liebevoll, locker, leichtfüßig, lebensfroh, loyal ...
M wie ... musikalisch, mutig, motivierend, mondän, mitfühlend, ...
N wie ... natürlich, nüchtern, nachsichtig, nachdenklich, naturverbunden ...
O wie ... offenherzig, optimistisch, ordentlich, objektiv, offen ...
P wie ... präzise, pragmatisch, pfiffig, prinzipientreu, pflichtbewusst, phantasievoll, poetisch, patent ...
Q wie ... quirlig ...
R wie ... romantisch, risikofreudig, realistisch, reaktionsschnell, raffiniert, reflektiert, reif, resolut, ruhig, rücksichtsvoll ...
S wie ... sanftmütig, sachlich, selbstständig, selbstlos, schnell, schlagfertig, souverän, sportlich, spontan, sorgsam, sinnlich, sozialkompetent, sprachbegabt, stilsicher, stark ...
T wie ... tolerant, tiefgründig, tough, tatkräftig, taktvoll, temperamentvoll ...
U wie ... unbeschwert, umgänglich, umsichtig, unkonventionell, uneigennützig, unterhaltsam, unerschrocken, unkompliziert, unparteiisch ...
V wie ... verantwortungsbewusst, verlässlich, verbindlich, verspielt, verständnisvoll, vertrauenswürdig, verführerisch, vorausschauend ...
W wie ... wissbegierig, witzig, wohlwollend, weise, wagemutig, willensstark, warmherzig, weitsichtig, widerstandsfähig, weltoffen ...
Z wie ... zielstrebig, zupackend, zuvorkommend, zuverlässig, zärtlich, zäh, zuversichtlich ...

Übung 4: Liebeserklärungen

Falls Sie sich immer noch schwertun, Ihre Stärken zu finden oder auf eine ungewöhnliche Weise herausfinden wollen, welche Reichtümer noch in Ihnen stecken, können Sie Menschen, die Ihnen nahestehen – gute Freunde, Ihren Partner, Familienangehörige – darum bitten, Ihnen die folgenden Fragen zu beantworten:

- Was hast du davon, dass ich Teil deines Lebens bin?
- Was würde dir fehlen, wenn es mich nicht gäbe?
- Was an unserer Beziehung findest du positiv? Hast du vielleicht ein konkretes Beispiel zur Hand?
- Gibt es einen Satz oder ein Wort, mit dem du unsere Beziehung beschreiben würdest?
- Was, glaubst du, sind meine Stärken?

Ich habe diese Übung vor zwei Jahren kennengelernt und gleich ausprobiert: Ich schrieb meiner besten Freundin und meinem besten Freund jeweils eine E-Mail, die die obigen Fragen enthielt, und bat sie um eine Antwort. Nach ein paar Tagen erlebte ich etwas, das sich mit Worten eigentlich gar nicht hinreichend beschreiben lässt: Ich bekam von allen beiden eine geballte Liebeserklärung. Das war so schön, dass ich anfangs ganz perplex war. Obwohl wir uns schon sehr lange kannten, hatte ich von beiden noch nie ein so offenes und direktes Feedback zu unserer Beziehung bekommen. Natürlich habe ich beiden die Fragen auch meinerseits beantwortet – unsere Freundschaft hat diese Übung intensiviert und bereichert.

Auch wenn es sich im ersten Moment komisch anfühlen mag – stellen Sie den Menschen, die Ihnen am nächsten stehen, die Fragen und bitten Sie um eine Antwort in schriftlicher Form: Dann können Sie die

> Liebeserklärungen an einem sicheren Ort aufbewahren und immer wieder zur Hand nehmen, wenn Sie sie brauchen. Natürlich freuen Ihre Freunde und Lieben sich auch, wenn Sie ihnen aufschreiben, warum und auf welche Weise sie ein unabdingbarer Teil Ihres Lebens sind ...

Zum Abschluss dieses Abschnitts noch eine Übung, die Sie einmal pro Woche durchführen können:

> **Übung 5: Ihr Spiegelbild**
> Nahezu alle Menschen, besonders aber Frauen, sind mit bestimmten Teilen ihres Körpers unzufrieden. Bei der einen sind es die Haare, beim anderen die Nase, die Dritte findet ihren Po zu groß – leider blockieren solche Unzufriedenheiten uns, wenn es darum geht, authentisch aufzutreten und bei sich zu sein.
> Um sich mit Ihrem Körper anzufreunden, können Sie sich einmal pro Woche nackt vor einen Spiegel stellen. Ich weiß – Ihr Blick wird sich höchstwahrscheinlich blitzschnell auf genau die Partien Ihres Körpers fokussieren, die Sie nicht mögen. Um die geht es aber jetzt nicht. Lenken Sie Ihren Blick auf diejenigen Körperteile, die Ihnen gefallen. Die gibt es nicht, meinen Sie? Das glaube ich Ihnen nicht! Vielleicht müssen Sie ein paar Momente verstreichen lassen, um Ihre gewohnte Unzufriedenheit zu überwinden. Aber dann wird Ihnen auffallen, dass Ihre Hände eine schöne Form haben, dass Sie einen schlanken Hals besitzen, feste Brüste, eine schmale Taille, einen gut geformten Po – Ich bin sicher, Sie werden mehr als nur einen Vorzug an sich entdecken! Genießen Sie den Anblick dieser Partien Ihres Körpers, freuen Sie sich an Ihrer Einzigartigkeit.

> Auch hier gilt: Was Sie schwarz auf weiß besitzen, ist fester in Ihrem Bewusstsein verankert. Schreiben Sie Ihre neuen Erkenntnisse also auf und lesen Sie sie ruhig immer wieder mal durch.
>
> Was ich an mir schön finde:
>
> _____
>
> _____
>
> _____
>
> _____

Jeder von uns produziert im Laufe eines Tages einen Berg von etwa 60 000 Gedanken. Sie haben es in der Hand, ob Ihr Gedankenberg hauptsächlich aus negativen Einfällen besteht, die Sie belasten, oder aus positiven, die Sie beflügeln und voranbringen. Ein liebevoller Umgang mit sich selbst macht Sie weniger abhängig von der Einschätzung anderer Menschen. Sie können unbefangen auf andere Menschen zugehen, ohne Zweifel und Angst vor Ablehnung. Die bissigen Kommentare der Arschlöcher unter Ihren Mitmenschen können Sie dann an sich abgleiten lassen. Wenn Sie Ihre Stärken und das Wissen um das, was Sie können, erst einmal tief verinnerlicht haben, gewinnen Sie eine Ausstrahlung, die andere Menschen anzieht – und zwar vor allem solche, die selbst mit sich im Reinen sind und nicht ständig das Bedürfnis haben, ihr Revier verteidigen und ihre Position behaupten zu müssen.

»Wer stark ist, kann sich erlauben, leise zu sprechen.«
Theodore Roosevelt

O – Orientieren Sie sich an Ihrer Einzigartigkeit

Es gibt Menschen, die, wenn sie einen Raum betreten, von allen wahrgenommen werden – und das gar nicht unbedingt, weil sie auffallend schön sind, sondern weil sie über eine positive Ausstrahlung verfügen. Menschen mit Charisma leuchten gewissermaßen von innen heraus. Charisma – das Wort stammt aus dem Griechischen und bedeutet »Gnadengabe« – hat viel mit Selbstbewusstsein zu tun. Selbstbewusst aufzutreten bedeutet dabei nicht, stets nach dem Motto »Ich bin der/die Größte« zu agieren, sondern im Wortsinne, sich seiner selbst bewusst zu sein: zu wissen, wer man ist – und wer nicht. Menschen mit einer positiven Ausstrahlung versuchen nicht, jemand anderer zu sein. Sie sind authentisch.

Von Authentizität war bereits im vorhergegangenen Abschnitt mehrfach die Rede. Der Begriff leitet sich ab vom griechischen Wort »authentikós«, was in etwa »echt, unverfälscht« bedeutet. »Sein statt Schein« also – dass das gar nicht so einfach ist, erleben wir im Alltag oft genug. Wir neigen dazu, uns in Rollen zwängen zu lassen, die uns nicht entsprechen, nur um es anderen recht zu machen, oder auch dazu, unsere Defizite zu verschleiern und uns besser darzustellen, als wir wirklich sind. Eine psychologische Studie zu diesem Thema hat dies eindrucksvoll belegt: Man fotografierte die Versuchspersonen und bearbeitete die Bilder dann digital. Anschließend zeigte man den Versuchspersonen jeweils beide Bilder und bat sie, zu entscheiden, welches das Originalfoto sei. Alle Versuchspersonen entschieden sich für das nachbearbeitete Foto. Der Wunsch, schöner zu sein, als wir tatsächlich sind, ist offenbar tief in uns verwurzelt.

Nach den US-Sozialpsychologen Michael Kernis und Brian Goldman hat Authentizität vier Komponenten:

1. *Bewusste Wahrnehmung*
   Man nimmt wahr, was man fühlt, braucht und sich wünscht, und man erkennt all dies an. Man ist sich seiner Schwächen bewusst, und man kann das eigene Verhalten reflektieren.
2. *Abstimmung von Selbstbild und Fremdbild*
   Man nimmt wahr, wie andere einen beurteilen, und kann dies in ein Verhältnis setzen zu dem Bild, das man selbst von sich hat. Im Idealfall ergibt sich daraus eine realistische Selbsteinschätzung: Weder überzeichnet man die eigenen Stärken, noch verliert man sich in seinen Schwächen.
3. *Konsequentes Handeln*
   Man handelt nach eigenen inneren Maßstäben und nicht nach dem, was anderen Menschen gefällt oder missfällt. Man steht zu seinen Entscheidungen und akzeptiert deren Konsequenzen.
4. *Ehrlichkeit im Umgang mit anderen Menschen*
   Anderen zeigt man sich, wie man ist. Man begegnet ihnen offen und versucht nicht, sich besser zu präsentieren, als man ist.

Wie ist es um Ihr Charisma bestellt?

Wissen Sie, wie Sie auf andere wirken? Würden Sie sagen, dass Sie ein Mensch mit Ausstrahlung sind? Wenn Sie sich nicht ganz sicher sind, hilft Ihnen der folgende Test weiter.

FORMEL »Ich«

Kreuzen Sie bei den Fragen diejenige Antwort an, die am besten zu Ihnen passt.

1. Auf wie viele attraktive Merkmale kommen Sie bei sich selbst? Zählen Sie mal durch – nach den Übungen »Liebeserklärungen« und »Ihr Spiegelbild« im vorhergegangenen Abschnitt sollte das kein allzu großes Problem sein ...
   a) Attraktiv finde ich gar nichts an mir.
   b) Ja, so zwei bis drei Dinge kann ich schon finden.
   c) Ad hoc komme ich auf 20 und mehr Merkmale.

2. Wie gehen Sie mit dem Älterwerden um?
   a) Ich beschäftige mich ungern damit, es macht mir Angst.
   b) Ich nutze alle verfügbaren Angebote, um mir ein jugendliches Aussehen zu erhalten.
   c) Ich genieße das Älterwerden und den damit verbundenen Zuwachs an Reife.

3. Sie sind zu einer Party eingeladen, bei der Sie nur den Gastgeber kennen. Wie gehen Sie vor?
   a) Nach wenigen Minuten habe ich mich allen vorgestellt und bin im Gespräch.
   b) Ich gehe erst gar nicht hin, weil es mir unangenehm ist, allein herumzustehen.
   c) Ich konzentriere mich auf den Gastgeber als Gesprächspartner.

4. Sie dürfen der Führungsspitze Ihres Unternehmens eine Ihrer Ideen vortragen. Wie fühlen Sie sich ein bis zwei Minuten vorher?
   a) Ich bin sehr aufgeregt, freue mich aber auf die Kurzpräsentation.
   b) Ich würde am liebsten sterben, weglaufen, unsichtbar sein ...
   c) Ich plaudere mit den Kollegen und den Chefs – das ist eine gute Aufwärmübung.

5. Im Café treffen Sie auf eine(n)attraktive(n) Frau/Mann. Was tun Sie?
   a) Ich flüchte.
   b) Ich nehme Blickkontakt auf und lächle mein Gegenüber aufmunternd an.
   c) Ich spreche sie/ihn sofort an und bitte sie/ihn an meinen Tisch.

6. Weshalb sind andere Menschen gerne mit Ihnen zusammen?
   a) Weil ich immer eine spannende Geschichte auf Lager habe, mit der ich die Menschen begeistere.
   b) Weil ich großartig und einzigartig bin.
   c) Weil ich zuverlässig und berechenbar bin.

7. Ist Ihnen Ihr Aussehen wichtig?
   a) Natürlich. Ich überlege mir genau, wie ich wirken möchte, und mache mich entsprechend zurecht.
   b) Gar nicht. Ich ziehe morgens einfach das an, was im Schrank obenauf liegt.
   c) Ich bin eher der natürliche Typ und pflege meinen Körper, damit ich lange attraktiv bleibe.

8. Wie geht es Ihnen, wenn Sie alte Fotos von sich betrachten?
   a) Ich bin fasziniert, wie viele Facetten ich habe.
   b) Ich fühle mich in die jeweilige Situation zurückversetzt.
   c) Ich lege sie schnell weg, weil ich mich auf diesen Bildern furchtbar finde.

9. Wenn Sie als Hauptdarsteller in einem Film mitwirken dürften, welches Genre würden Sie wählen?
   a) Historienfilm
   b) Thriller
   c) Beziehungsdrama

10. Welche Rolle haben Sie in Ihrem Freundeskreis inne?
a) Ich bin die Person, von der alle Aktivität ausgeht.
b) Ich bin der ruhende Pol.
c) Mir ist es wichtig, mich mit meinen Freunden intensiv auszutauschen.

Auswertung:
Übertragen Sie nun bitte Ihre Antworten die Tabelle:

	1	2	3	4	5	6	7	8	9	10
a	C	C	A	B	C	A	B	B	B	B
b	A	B	C	C	A	B	C	A	A	C
c	B	A	B	A	B	C	A	C	C	A

Nun zählen Sie zusammen, wie viel A-, B- und C-Punkte Sie haben. Danach können Sie sehen, welchem Typus Mensch Sie sich zuordnen.

Typ A: Der Charismatische: Sie wissen um Ihre Stärken und positiven Eigenschaften und können sie je nach Situation wirkungsvoll einsetzen. Auf andere wirken Sie selbstbewusst und anziehend. Ihre Begeisterungsfähigkeit können Sie problemlos auf andere übertragen. Dabei sind Sie nicht selbstverliebt und egoistisch, sondern einfühlsam und emphatisch. Das macht Sie anderen sympathisch und führt dazu, dass Sie ein Mensch sind, den man nicht übersieht.

Typ B: Der Draufgänger: Ihnen ist es wichtig, stets cool und lässig zu wirken. Im Umgang mit anderen laufen Sie dadurch allerdings Gefahr, den Kontakt mit sich selbst zu verlieren. Das spüren andere Menschen – und wissen dann nicht genau, was sie von Ihnen halten sollen. Könnte es sein, dass Sie mit Ihrem Habitus Unsicherheiten und Defizite zu überspielen versuchen? Falls ja: Stehen Sie zu Ihren schwachen Seiten. Schließlich hat jeder welche. Je mehr Sie sich selbst annehmen können, wie Sie sind, desto anziehender werden Sie auf andere wirken.

Typ C: Der Zurückhaltende: Sie werden leider des Öfteren nicht so wahrgenommen, wie Sie es verdient hätten. Anders als Menschen vom Typus des Draufgängers, die ihre Schwächen zu überspielen versuchen, strahlen Sie aus, dass Sie eigentlich nichts haben, das Sie für andere anziehend macht. Was natürlich nicht stimmt. Um Charisma zu haben, müssen Sie weder außergewöhnlich attraktiv noch ein Superhirn sein. Wichtig ist, dass Sie sich Ihrer Stärken und Besonderheiten deutlicher bewusst werden. Die Übungen des vorangegangenen Abschnitts können Ihnen in besonderem Maße helfen, sich mit sich selbst anzufreunden. Die positive Ausstrahlung wächst Ihnen dann nach und nach ganz von selbst zu.

Übrigens: Besonders spannend ist es, wenn Sie den Test Ihren Freunden und Lieben geben mit der Bitte, die Fragen für Sie zu beantworten. Anschließend haben Sie die Möglichkeit, Ihre eigenen Antworten mit denen Ihrer Freunde zu vergleichen und so zu sehen, ob das Bild, das Sie von sich selbst haben, mit der Einschätzung anderer Menschen übereinstimmt. Je mehr Übereinstimmungen es gibt, desto mehr können Sie davon ausgehen, dass Sie im besten Sinne des Wortes »bei sich selbst« sind. Glückwunsch!

Der Charisma-Quotient

Der amerikanische Psychologe Ronald Riggio gilt als Vater des sogenannten »Charisma-Quotienten«. Seinen Forschungen verdanken wir die Erkenntnis, dass Charisma nichts Magisches ist, das vom Himmel fällt und das man einfach hat oder eben nicht, sondern etwas, das sich üben und erlernen lässt.

Um dem Charisma auf die Spur zu kommen, hat Riggio einen Fragebogen entwickelt, der 90 Fragen umfasst. Mit seiner Hilfe werden drei Eigenschaften erfasst: Ausdrucksvermögen, Kontrolle und Sensitivität. Jede dieser drei Eigenschaften hat eine emotionale und eine soziale Komponente. Auf diese Weise kommt Riggio schließlich auf sechs Eigenschaften, durch die sich Charisma definieren lässt:

1. *Emotionales Ausdrucksvermögen* als die Fähigkeit, eigene Gefühle unmittelbar auszudrücken. Begeisternd auf andere wirkt vor allem der Ausdruck positiver Gefühle.
2. *Soziales Ausdrucksvermögen* als die Fähigkeit, in der Öffentlichkeit sicher aufzutreten, sich sprachlich gut auszudrücken und leicht mit anderen ins Gespräch zu kommen.
3. *Emotionale Kontrolle* als die Fähigkeit, die eigenen Gefühle und deren Ausdruck im Griff zu haben, sich also nicht unüberlegt etwa zu Wutausbrüchen hinreißen zu lassen.
4. *Soziale Kontrolle* als die Fähigkeit, sich auf andere Menschen einzustellen und an sie anzupassen.
5. *Emotionale Sensitivität* als die Fähigkeit, rasch in gefühlsmäßigen Kontakt zu anderen Menschen zu kommen.
6. *Soziale Sensitivität* als die Fähigkeit, schnell zu erfassen, welche Atmosphäre und Stimmung in einer Gruppe von Menschen herrscht, und sich darauf einzustellen.

Auch auf die Gefahr hin, mich zu wiederholen: Haben Sie bemerkt, dass keine dieser Fähigkeiten etwas mit Schönheit zu tun hat? Sie müssen also nicht zum Schönheitschirurgen, um Ihr Charisma-Potenzial auszuschöpfen. Wichtig ist vielmehr, dass Sie ein gutes Gleichgewicht von Ausdrucksvermögen, Kontrolle und Sensitivität entwickeln. Denn wer sich zwar gut in andere einfühlen kann, sie aber regelmäßig mit seinen Wutausbrüchen erschreckt, oder wer beeindruckend eloquent ist, aber wenig von den Gefühlen seiner Mitmenschen weiß, wird kaum als charismatisch gelten.

> **Übung 6: Bauen Sie Ihr Charisma aus**
> Machen Sie sich doch einmal Gedanken, welche der beschriebenen Fähigkeiten Sie schon haben und von welchen Sie noch ein bisschen mehr gebrauchen könnten. Würden Sie sich gern besser ausdrücken können? Möchten Sie selbstbeherrschter werden? Oder wünschen Sie sich mehr Menschenkenntnis? All das lässt sich erlernen, und es gibt Kurse dafür (Menschenkenntnis etwa können Sie in meinen Seminaren üben).
>
> Schreiben Sie auf, welche konkreten Schritte Sie tun können, um Ihr Charisma aufzubauen oder zu erweitern:
>
> _____
> _____
> _____
> _____
> _____
> _____

Weiter oben habe ich bereits darüber gesprochen, dass Charisma viel mit Selbstbewusstsein zu tun hat. Wer sich kennt und schätzt, so wie er ist, steht nicht nur im übertragenen Sinne mit beiden Füßen fest auf dem Boden. Einen authentischen, charismatischen Menschen erkennen Sie ganz unmittelbar an seiner Körperhaltung, an seinen Bewegungen, seinem Gang ...

Übung 7: Die Körpersprache des Charisma

Stellen Sie sich vor den Spiegel und üben Sie die im Folgenden beschriebenen Körperhaltungen ein. Versuchen Sie, jede Haltung zwei bis drei Minuten lang einzunehmen, und spüren Sie anschließend in sich hinein: Hat sich etwas verändert, und wenn ja, was?

Stellen Sie sich hüftbreit hin, beide Füße fest auf dem Boden. Brust raus, Bauch rein, Körperspannung aufbauen: Diese Haltung sorgt für einen sicheren Stand und vermittelt Ihrem Gegenüber Selbstsicherheit.

Versuchen Sie nun, den Kopf gerade zu halten. Das Kinn dabei nicht zu hoch strecken – das wirkt überheblich –, aber auch nicht zu tief, denn dies suggeriert Unsicherheit. Schauen Sie Ihrem Spiegelbild mit geradem Kinn und geradem Blick in die Augen. So sind Sie auch im übertragenen Sinne auf Augenhöhe mit Ihrem Gegenüber.

Öffnen Sie Arme und Beine, statt sie zu verschränken, und öffnen Sie auch Ihren Mund leicht. All das vermittelt anderen Menschen Offenheit und Vertrauen. Die geschlossene Körperhaltung mit verschränkten Armen und/oder Beinen und geschlossenem Mund steht auch im übertragenen Sinne für Verschlossenheit, Missfallen oder Unsicherheit: Wir halten uns in diesem Moment gewissermaßen an uns selber fest.

Lächeln Sie Ihrem Spiegelbild aufmunternd zu! Wenn Sie dies jeden Morgen ein bis zwei Minuten vor Ihrem Spiegel tun, bereiten Sie Ihr Gehirn auf einen optimalen Tagesstart vor. Lachen ist die kürzeste Verbindung zwischen zwei Menschen, es macht sympathisch und schürt das gegenseitige Interesse, sich kennenzulernen.

> **Übung 8**
> Nehmen Sie sich einige Zeitschriften, Prospekte und Bilder zur Hand und suchen Sie darin nach Bildern, die für Sie Charisma verkörpern. Im Idealfall haben Sie auch ein paar Fotos von sich selbst parat, die Sie wirklich mögen. Daneben liegen Schere, Tonkarton und Kleber bereit. Schneiden Sie nun spontan diejenigen Bilder bzw. Gegenstände aus, die Sie mit dem Begriff Charisma in Verbindung bringen. Kleben Sie diese Bilder auf Ihren Karton und versehen Sie Ihre Collage mit einer knackigen, passenden Überschrift. Schauen Sie sich Ihre Collage jeden Tag ein paar Minuten lang an. Die Bilder wirken dabei direkt auf Ihr Unterbewusstsein. Träumen Sie sich hinein in das, was Sie sehen, und stellen Sie sich vor, wie Sie Ihr Charisma entfalten und welche positiven Effekte Sie damit erzielen werden. Nach drei bis vier Wochen können Sie die Collage weglegen und erst nach ein paar Monaten wieder herausholen. Sie werden erstaunt sein, was Sie alles bereits verwirklicht haben!

Mit Small Talk zum Ziel!

Gekonnter Small Talk bringt Sie in Sachen Charisma ein großes Stück weiter – Sie erinnern sich, dass bei Riggios Charisma-Quotienten auch das verbale Ausdrucksvermögen eine Rolle spielt.

Wenn wir jemanden kennenlernen, »scannen« wir ihn oder sie unbewusst auf Indizien für Gemeinsamkeiten. Es fällt uns leichter, mit Menschen in Kontakt zu kommen, die uns ähnlich sind, als mit solchen, die wir als sehr anders empfinden.

Ganz grundsätzlich tun Sie sich mit neuen Menschen leichter, wenn Sie eine gewisse Sorgfalt auf Ihren eigenen Auftritt verwenden. So sollte beispielsweise Ihre Kleidung gleichermaßen zu Ihnen wie zur jeweiligen Situation passen. Vergessen Sie dabei die Schuhe nicht. Sie sind zwar ganz unten und damit dem direkten Blick aus der Nähe entzogen; dennoch wird man wahrnehmen, mit welchem Schuhwerk Sie unterwegs sind. Gerade Frauen begehen immer wieder den Fehler, perfekt gekleidet daherzukommen, während die Absätze ihrer Schuhe beschädigt oder abgelaufen sind. So etwas kann schlimmstenfalls dazu führen, dass Ihr Gegenüber seinen/ihren positiven ersten Eindruck revidiert. Sandalen oder allzu weit ausgeschnittene Pumps können bei einem geschäftlichen Termin unprofessionell wirken, ebenso wie ein zu starkes Make-up. Ihr Gesicht – und dabei insbesondere die Augenregion und die Stirn – sollte frei sein; ansonsten gewinnt Ihr Gegenüber möglicherweise den Eindruck, dass Sie nicht mit offenem Visier unterwegs sind und etwas zu verbergen haben.

Ihre Hände sollten sichtbar gepflegt und gut maniküirt sein – meine Damen, bei Geschäftsterminen bitte keinen Nagellack in Knallfarben. Und liebe Herren: Nagelpflege bitte nur zu Hause, nicht im Beisein eines Gesprächspartners. (Dasselbe gilt für das Reinigen von Nase und Ohren – und wo wir gerade dabei sind: Eine weit verbreitete männliche Unsitte ist das Hantieren im Geschlechtsbereich. Sie wollen doch aber, dass Ihr Gegenüber Ihnen zum Abschluss des Gesprächs gerne und unbefangen die Hand gibt ...)

Wie kommt man denn nun aber ins Gespräch? Eine gewisse Neugier und Offenheit in Bezug auf andere Menschen kann dabei nicht schaden. Ich habe vor einiger Zeit eine Freundin in Spanien besucht, die mich zu einem Kaffeekränzchen mitnahm. Außer meiner Freundin kannte ich dort niemanden. Gesprochen wurde Englisch, Deutsch und Spanisch, und alles in allem waren rund 20 Leute da, die alle durcheinander redeten. Ich beschloss, mich zunächst einmal an diejenigen zu halten, die hörbar keine

Spanier waren, sondern als Auswanderer ins Land gekommen waren. Ihre Geschichten interessierten mich, und ich fragte sie danach. Fast jeder Mensch freut sich, wenn ein anderer sich für ihn interessiert, und so kam ich rasch mit mehreren Personen ins Gespräch. Wir haben uns stundenlang unterhalten, ich habe nette und interessante Menschen kennengelernt, und zum guten Schluss konnte ich sogar feststellen, dass ich mit dem einen oder anderen gemeinsame Bekannte oder Kunden hatte. Es war ein wunderbarer Nachmittag.

Natürlich gibt es Anlässe, bei denen Fragen nach der persönlichen Geschichte zumindest anfänglich als allzu zudringlich empfunden würden. Fragen danach, was jemand beruflich macht, welche anderen Gäste er kennt, in welcher Beziehung er zum Gastgeber steht, sind aber als Gesprächseröffner allemal erlaubt. Eine Unterhaltung über das Essen, das es gibt, oder die Musik, die läuft, bietet gute Möglichkeiten, die Präferenzen des Gegenübers zu erkunden und sich auf die Suche nach Gemeinsamkeiten zu machen.

Zusammengefasst ist Small Talk ...

- ... ein Türöffner für neue, ungewohnte und ungewöhnliche Situationen
- ... eine wunderbare Möglichkeit, mit fremden Menschen ins Gespräch zu kommen und zu sehen, ob man mit ihnen in eine persönlichere Beziehung treten möchte
- ... eine gute Gelegenheit zum »Netzwerken«
- ... eine ebenso gute Möglichkeit, schwierige Situationen aufzulockern und Spannungen abzubauen
- ... bestens geeignet, um sich selbst in ein positives Licht zu rücken

- … und nicht zuletzt: ein bedeutsamer Karrierefaktor! Im Bewerbungsgespräch wird unter mehreren gleich kompetenten Bewerbern erfahrungsgemäß derjenige ausgewählt, der den Small Talk am besten beherrscht.

80 Prozent unserer täglichen Kommunikation finden in Form von Small Talk statt – ein zwingendes Argument gegen all diejenigen, die ihn gern als »banal« und »oberflächlich« brandmarken. Allerdings sind dennoch viele Menschen unsicher, wann Small Talk geradezu eine gesellschaftliche Verpflichtung ist und wann ein Fauxpas.

Übung 9

Was glauben Sie: Wann ist Small Talk zwingend erwünscht und wann eher nicht? Notieren Sie je drei bis fünf Anlässe für und gegen den Einsatz von Small Talk.

_____

_____

_____

_____

_____

Die Auflösung:

Auf Partys, bei Empfängen, Kongressen, Besprechungen, Mittags- und Kaffeepausen, auf Bällen, Netzwerkveranstaltungen usw. sind Sie quasi zum Small Talk verpflichtet. Wenn Sie bei diesen Anlässen schweigen wie ein Fisch, fallen Sie eher negativ auf oder werden schlichtweg nicht wahrgenommen.

> Ab bestimmten Hierarchieebenen ist Small Talk entscheidend, um vorwärtszukommen, aber auch bei nichtberuflichen Anlässen ist ein »Smalltalker« gerne gesehen und wird auch immer wieder gerne eingeladen.
>
> Natürlich gibt es auch Situationen, in denen Small Talk sich verbietet: Nämlich immer dann, wenn besonderes Einfühlungsvermögen gefragt ist. Beispielsweise bei jemandem, der in Trauer ist, in schwierigen emotionalen Momenten, bei Jobverlust, bei Trennungen, Misserfolgen und Ähnlichem. Wenn Sie in diesen Momenten, in denen Einfühlungsvermögen und gesunder Menschenverstand gefragt sind, über das Wetter oder die aktuelle Straßenlage philosophieren, ist das unangebracht. Ein weiteres No-Go für Small Talk sind Situationen, in denen von Ihnen konkrete Informationen erwartet werden. Ihre Gesprächspartner werden sich von Ihnen auf die Folter gespannt fühlen, wenn Sie dann Small Talk machen.

So, und wie geht das jetzt?

Zuerst einmal müssen Sie Ihre Redehemmung überwinden. Immerhin droht kein Weltuntergang: Das Schlimmste, was passieren kann, ist, dass Sie nicht die richtigen Worte finden oder hängenbleiben. Diesbezügliche Ängste lassen sich mindern dadurch, dass Sie

a) sich bereits im Vorfeld interessante Gesprächsthemen und mögliche Fragen überlegen,

b) mit einem Menschen Kontakt aufnehmen, an dem Sie wirklich großes Interesse haben.

Übung 10

Wie können Sie sich auf Small-Talk-Situationen vorbereiten? Stellen Sie sich folgende Fragen:

- Was könnten gemeinsame Interessen sein, die mich mit meinem heutigen Gesprächspartner verbinden?
- Wenn Sie den betreffenden Menschen schon kennen: Was mag Ihr Gegenüber? Was sind seine/ihre Hobbys? Was liest, hört, sieht, isst er/sie gerne?
- Wie geht es dem anderen Menschen, was beschäftigt ihn? Welche Emotionen spiegeln sich in seinem/ihrem Gesicht wider?
- Was wissen Sie über die Lokalität, den Veranstalter, den Anlass?

Sind Sie demnächst zu einer Party eingeladen, gehen Sie auf eine Tagung, steht eine Betriebsfeier bevor? Dann können Sie sich hier anhand der Fragen schon einmal die passenden Stichworte notieren:

_____

_____

_____

_____

Wenn Sie in Sachen Small Talk zum richtigen Profi werden wollen, stellen Sie sich am besten jeden Tag eine neue Gesprächs-Aufgabe. So können Sie dann in Situationen, in denen es drauf ankommt, richtig punkten. Versuchen Sie also von nun an jeden Tag, mit einer für Sie wildfremden Person ins Gespräch zu kommen. Egal, ob es sich dabei um den Schaffner, einen Mitreisenden, die Bedienung, die Kassiererin, den Tankwart oder einen Wartenden an der S-Bahn-Station handelt. Fragen Sie sich im Voraus:

> - Was interessiert mich an der Person oder ihrem Job?
> - Wo könnte ich bei ihm oder ihr einhaken?
> - Was könnte er oder sie wissen, was ich schon immer mal wissen wollte?
>
> Nachdem Sie darüber kurz nachgedacht haben, formulieren Sie eine unverbindliche Frage oder eine höfliche Bemerkung – und schwupps, sind Sie im Gespräch!

Sie üben inzwischen fleißig, und die von Ihnen angesprochenen Menschen lassen sich auch gerne auf eine Unterhaltung mit Ihnen ein – aber Sie sind sich dennoch nicht so sicher, ob die anderen Sie wirklich mögen oder nur aus Höflichkeit mit Ihnen reden? Um das genauer zu entscheiden, habe ich Ihnen im Folgenden die neun Signale der Sympathie zusammengefasst. Es sind körpersprachliche Kennzeichen, mit denen Sie abchecken können, welche Einstellung Ihr Gegenüber zu Ihnen hat. Je mehr dieser Signale Sie beim anderen erkennen, umso besser stehen Ihre Chancen ...

Natürlich können Sie all diese Signale auch Ihrerseits aktiv einsetzen, wenn Sie jemandem zeigen möchten, dass Sie ihn/sie sympathisch finden.

Signal 1: Lächeln

Ein echtes Lächeln zeigt sich überall auf der Welt gleich – und es wird auch überall gleich verstanden. Der Mund wird dabei in die Breite gezogen, die Mundwinkel bewegen sich nach oben, und – ganz wichtig – die Augen verengen sich leicht. (Nur wenn Sie Letzteres sehen, ist das Lächeln echt und nicht aufgesetzt!)

Lächeln Sie Ihrem Spiegelbild aufmunternd zu! Wenn Sie dies jeden Morgen ein bis zwei Minuten vor Ihrem Spiegel tun, bereiten Sie Ihr Gehirn auf einen optimalen Tagesstart vor. Lachen ist die kürzeste Verbindung zwischen zwei Menschen, es macht sympathisch und schürt das gegenseitige Interesse, sich kennenzulernen.

Signal 2: Direkter Blickkontakt

Die Augen gelten als Spiegel der Seele, und sie sind das Tor zur Seele eines anderen Menschen. Wie oft und wie lange Sie jemand anderen oder jemand anders Sie anschaut, ist ein verlässliches Zeichen für den Grad der Sympathie. Das lässt sich wissenschaftlich messen und nachprüfen. Während die Forschung früher der Ansicht war, dass häufiger Blickkontakt bedrohlich wirken kann, haben Wissenschaftler der Universität Oxford inzwischen herausgefunden, dass dem nicht unbedingt so ist. Es kommt auf ein paar bedeutsame Kleinigkeiten an, kleine mimische Signale rund um Mund und Augen, die unser Bewusstsein gar nicht registriert, die aber dennoch vom Unterbewusstsein wahrgenommen werden. Sie entscheiden darüber, ob wir es als bedrohlich oder an-

ziehend erleben, wenn jemand immer wieder zu uns hinüberschaut.

Signal 3: Sanfte Stimme

Wenn wir jemanden mögen, zeigt sich das nicht nur in unserer Mimik, sondern auch im Klang unserer Stimme. Sie wird weicher, ein kleines bisschen höher, gleichzeitig aber auch wärmer im Klang – eine wahrhaft betörende Kombination: Der Klang einer sanften Stimme löst bei allen Menschen Wohlbehagen und positive Gefühle aus.

Signal 4: Pupillenvergrößerung

Wenn wir positiv empfinden, vergrößern sich unsere Pupillen. Dieses Signal können wir nicht bewusst kontrollieren und also auch nicht absichtlich aussenden. Umso größere Aussagekraft hat es allerdings, wenn es Ihnen darum geht, herauszufinden, ob Ihr Gegenüber Sie wirklich mag …

Schauen Sie sich mal die beiden folgenden Fotos an: Welcher der beiden Menschen wirkt auf Sie offener und zugänglicher?

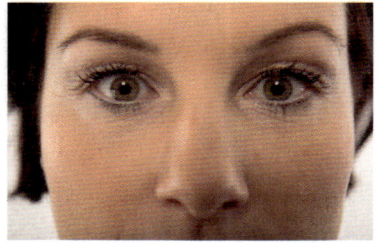 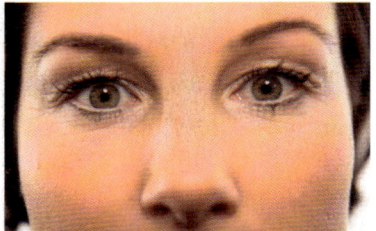

Die Antwort ist klar, oder? Es ist die Person mit den großen Pupillen. Übrigens deuten auch die leicht geöffneten Lippen auf Offenheit und Neugierde hin.

Signal 5: Körperliche Nähe

Menschen, die wir mögen, lassen wir nah an uns heran – ich habe eingangs dieses Buches bereits die drei unterschiedlichen Nähezonen erklärt (vgl. S. 23). Wenn Sie Kontakt zu einer Person aufnehmen, die Sie noch nicht kennen, sollten Sie darauf achten, sich ihm oder ihr nicht zu sehr frontal zu nähern – das kann unangenehm oder gar aufdringlich wirken (ich erinnere hier nur an die vollgepackte U-Bahn oder den überfüllten Aufzug). Treten Sie lieber seitlich an den anderen heran.

Signal 6: Körperhaltung

Körpersprachlich gesehen gibt es drei Grundhaltungen, die nach der Haltung des Oberkörpers bestimmt werden. Ist dieser nach hinten geneigt, so befindet die betreffende Person sich in der »Ich-Haltung«: Er oder sie zieht sich zurück. Ein gerader Oberkörper steht für eine neutrale Position, und ein nach vorne geneigter Oberkörper für die »Du-Haltung«, also die aktive, interessierte Hinwendung zum anderen.

Auch was die Arme und Beine machen, ist von Bedeutung. Offene Arme oberhalb der Gürtellinie und offene Beine, deren Fußspitzen zu Ihnen zeigen, signalisieren Ihnen, dass Ihr Gegenüber Ihnen wohlgesonnen ist. Verschränkte Arme und Beine stehen demgegenüber eher für Skepsis, Rückzug oder Ablehnung. Achten Sie also beim Small Talk darauf, sich dem anderen in einer offenen Körperhaltung zu präsentieren, und nicken Sie aufmunternd und zustimmend, wenn er oder sie etwas sagt.

Körpersprachlich gesehen gibt es drei Grundhaltungen, die nach der Haltung des Oberkörpers bestimmt werden. Ist dieser nach hinten geneigt, so befindet die betreffende Person sich in der »Ich-Haltung«: Er oder sie zieht sich zurück. Ein gerader Oberkörper steht für eine neutrale Position, und ein nach vorne geneigter Oberkörper für die »Du-Haltung«, also die aktive, interessierte Hinwendung zum anderen.

Signal 7: Körperkontakt

Er ist das ursprünglichste soziale Signal, das wir kennen! Sicherlich haben Sie schon von dem Experiment gehört, das der Stauferkaiser Friedrich II. anordnete und bei dem Babys jede körperliche Zuwendung vorenthalten wurde. Obwohl die Babys von Ammen gepflegt und gefüttert wurden, starben sie – ein schlagender Beweis dafür, wie dringend wir den körperlichen Kontakt zu anderen Menschen brauchen.

Lassen Sie darum Ihrem Gegenüber, wenn er oder sie Ihnen sympathisch ist, ruhig kleine »Streicheleinheiten« zukommen. Sie können den anderen sachte am Arm berühren oder bei der Verabschiedung kurz seine Hand umfassen. Macht der andere so etwas bei Ihnen, dürfen Sie sich gemocht fühlen.

Lassen Sie darum Ihrem Gegenüber, wenn er oder sie Ihnen sympathisch ist, ruhig kleine »Streicheleinheiten« zukommen. Sie können den anderen sachte am Arm berühren oder bei der Verabschiedung kurz seine Hand umfassen. Macht der andere so etwas bei Ihnen, dürfen Sie sich gemocht fühlen.

Signal 8: Inhalt des Gesagten

Gesichtsausdruck, Tonfall und Berührungen geben Ihnen schon viele Anhaltspunkte, wie Ihr Gegenüber zu Ihnen steht. Was sagt der andere denn? Stellt er Fragen, die auf ein gewisses Interesse an Ihrer Person schließen lassen – etwa nach Ihrem Beruf, Ihrem Werdegang, Ihren Hobbys, Ihren Vorlieben? Falls ja, dürfen Sie daraus schließen, dass Sie ihm oder ihr sympathisch sind: Hier will Sie jemand besser kennenlernen und verstehen.

Signal 9: Geschenke und Einladungen

Geschenke und kleine Aufmerksamkeiten sind weltweit wichtige Rituale, um anderen Menschen die eigene Wertschätzung zu zeigen und eine dauerhafte Bindung aufzubauen. Die Gaben sollen den Beschenkten jederzeit an den Geber erinnern, doch sie beinhalten auch die Verpflichtung, sich beim anderen mit einem Gegengeschenk zu revanchieren.

O – Orientieren Sie sich an Ihrer Einzigartigkeit

Zum Abschluss noch eine letzte Übung in Sachen Small Talk:

> **Übung 11**
> Nehmen Sie sich zehn Minuten Zeit und suchen Sie nach Gesprächsaufhängern für die nachfolgenden Anlässe:
>
> - eine Wohnungseinweihung bei Bekannten/Freunden,
> - eine externe Fortbildung,
> - ein Rednerkongress, den Sie selbst gewählt haben,
> - eine Lesung in einer Buchhandlung.
>
> Was charakterisiert die jeweiligen Veranstaltungen? Wer ist Gastgeber bzw. Veranstalter? Wer kommt noch? Wie läuft das Event ab? Was ist der Zweck der jeweiligen Veranstaltung? Und vor allem: Auf welche Weise können Sie dort am besten mit den anderen Anwesenden ins Gespräch kommen?
>
> _____
> _____
> _____
> _____
> _____

Was Sie sexy macht

Kennen Sie schon den ISAIKI-Faktor? Ich habe ihn bei meiner Tätigkeit als Coach entwickelt. ISAIKI steht für »I'm sexy and I know it«.

Der ISAIKI-Faktor besteht aus fünf Faktoren, die da lauten:

1. Lieben Sie sich und das Leben ... und zeigen Sie es.
2. Seien Sie sich dessen bewusst, was Sie haben, was Sie können und was Sie einzigartig macht.
3. Seien Sie im Umgang mit anderen interessiert und einfühlsam.
4. Seien Sie mutig. Vor allem: Trauen Sie sich, anders zu sein als andere.
5. Halten Sie sich nicht an Regeln ... und haben Sie Spaß dabei.

Die ersten beiden Faktoren haben wir ja oben schon ausführlich beleuchtet. *Selbstliebe und Selbstbewusstsein* im guten Sinne sind zwei große Schritte auf dem Weg zur Sexyness. Sie beschreiben den Umgang, den wir mit uns selbst pflegen. Was den Umgang mit anderen, das Zusammenleben betrifft, ist der dritte Faktor von zentraler Bedeutung.

Keiner von uns ist dazu geboren, allein vor sich hinzuleben. Wir alle brauchen zum Leben *Beziehungen zu anderen Menschen*. Wir wünschen uns Anerkennung, Wertschätzung und Aufmerksamkeit. Enthält man uns dies alles vor, hat dies übrigens auch messbare Auswirkungen auf unser Gehirn. Mangelnde emotionale Verbundenheit aktiviert im Gehirn die gleichen Bereiche wie Schmerz. In einer Studie der Universität Wisconsin konnte nachgewiesen werden, dass Einsamkeit nachhaltig negative Effekte hervorruft: Kinder, die keine oder nur wenig soziale Kontakte zu anderen Menschen haben, erleiden Schädigungen beim Wachstum der Nervenzellen, die auch nach Beseitigung der sozialen Isolation noch drei Jahre lang anhalten. Betroffen sind dabei u. a. der Hippocampus, eine für das Gedächtnis sowie für Emotionen bedeutsame Hirnregion, sowie der Stirnlappen, der eine wichtige Rolle bei der Angstkontrolle spielt.

Das Bedürfnis nach Verbundenheit ist wahrscheinlich Teil unseres evolutionären Erbes. Schon die frühen Menschen lebten in Gruppen, denn sie boten mehr Sicherheit. Aus dem praktischen Bedürfnis nach Schutz, etwa vor Kälte, Hunger und Angreifern, ist vermutlich das emotionale Bedürfnis nach Zugehörigkeit entstanden. Interessanterweise gründen Menschen ihre Wertschätzung füreinander vor allem auf Eigenschaften wie etwa Hilfsbereitschaft, Empathie, Kompromissfähigkeit und Toleranz, nicht so sehr auf »harte«, wettbewerbsorientierte Fähigkeiten wie Leistungsvermögen oder analytische Intelligenz. Am beliebtesten sind also nicht die Überflieger, sondern ganz normale Menschen, mit denen Personen aller Kulturkreise sich am ehesten identifizieren. Das haben Forscher der Universität Princeton herausgefunden. Die wichtigste Botschaft in Sachen Beliebtheit lautet also: »Ich bin einer von euch.«

Wie können Sie dieses Wissen nun in Ihrem Alltag einsetzen? Ganz einfach: Indem Sie mit offenen, neugierigen Augen durch die Welt gehen. Seien Sie aktiv, stellen Sie Fragen, vermitteln Sie anderen Menschen das Gefühl, dass Sie mehr über ihr Leben, ihre Vorstellungen und Wünsche erfahren wollen. Sich zu trauen, Interesse am anderen zu zeigen, ist sexy!

Wenn Sie nun noch die beiden letzten Schritte auf den Weg zur Sexyness tun wollen, wenn Sie also *mutiger werden* möchten, *sich weniger an Regeln halten* und auch noch Spaß dabei haben wollen, lohnt sich zunächst einmal ein Blick auf die eigenen Denkmuster.

Jeder von uns ist in seinem täglichen Handeln gesteuert von Erwartungen, Wünschen, Gefühlen, Hoffnungen, Werten und Bedürfnissen. Nur ein Teil dieser inneren Antriebsfaktoren entspricht jedoch tatsächlich unserem inneren Wesen. Der mehr oder weniger große Rest ist entstanden aus Prägungen, denen wir in unseren ersten Lebensjahren ausgesetzt waren. Die Sichtweisen, Ansprüche und Erwartungen unserer Eltern oder anderer zentraler Bezugspersonen übernehmen wir ein Stück weit ungeprüft. Sie haben auch dann, wenn wir längst erwachsen sind, oft noch einen beträchtlichen Einfluss auf unser Verhalten – ganz besonders in Stress- und Belastungssituationen. Auf diese Weise läuft manch einer viele Jahre seines Erwachsenenlebens Ansprüchen hinterher, die nicht die eigenen sind, sondern die anderer Menschen. Wollen wir das?

Ich hatte mit Anfang 30 das Glück, einem Psychologen zu begegnen, der mir meine inneren Antreiber bewusst machte. Damals war ich in eine Situation geraten, die meine berufliche Zukunft bedrohte und die ich an anderer Stelle ausführlicher beschrieben habe.[1] Mir wurde damals klar, dass ich drauf und dran gewesen war, mein Leben zu zerstören, um Ansprüchen zu genügen, die nicht meine eigenen waren.

Der besagte Psychologe arbeitete unter anderem mit einem Test, der aufdecken hilft, welcher innere Antreiber am mächtigsten ist. Insgesamt sind fünf innere Antreiber am meisten verbreitet. Ich habe sie Ihnen im Folgenden einmal zusammengestellt:

---

[1] Vgl. Tatjana Strobel: *Ich weiß, wer zu dir passt*, München (Arkana) 2012.

O – Orientieren Sie sich an Ihrer Einzigartigkeit

Innerer Antreiber …	… und welche Aussagen dazu passen:
Sei stark!	»Mich erschüttert so schnell nichts!« – »Augen zu und durch!« – »Man muss immer Haltung bewahren« – »Zähne zusammenbeißen, das schaffst du schon …«
Sei perfekt!	»Man kann alles immer noch besser machen.« – »Gründlichkeit geht vor Schnelligkeit« – »Nur nicht hudeln!« – »Jetzt bloß keine Fehler machen!«
Mach es allen recht!	»Immer freundlich bleiben, das ist die Hauptsache« – »Geht nicht gibt's nicht« – »Ich bin zufrieden, wenn Sie es sind«
Beeil dich!	»Ich mach nur noch schnell …« – »Wer rastet, der rostet« – »Nur keine Zeit verschwenden!« – »Das muss doch auch schneller gehen!«
Streng dich an!	»Man muss immer alles geben!« – »Ohne Fleiß kein Preis« – »Danke, ich schaff das schon alleine«

Vielleicht haben Sie sich in der einen oder anderen Äußerung schon wiedergefunden. Falls Sie sich selbst noch genauer auf die Spur kommen möchten, gibt der folgende Test Ihnen mehr Klarheit.

Bewerten Sie, inwieweit die unten gemachten Aussagen auf Sie zutreffen, nach folgender Skala:

1: Die Aussage trifft auf mich gar nicht zu.
2: Die Aussage trifft kaum zu.

3: Die Aussage trifft teilweise zu.
4: Die Aussage trifft weitgehend zu.
5: Die Aussage trifft voll und ganz zu.

Versuchen Sie auch hier wieder, ehrlich mit sich selbst zu sein.

1. In emotional sehr bewegenden Momenten bleibe ich äußerlich stets ruhig.
2. In Diskussionen halte ich mich gerne zurück und passe mich der Meinung der anderen an.
3. Anstehende Aufgaben erledige ich ruckzuck – was weg ist, ist weg.
4. Ich würde am liebsten alles, was ich mache, x-mal nachkontrollieren.
5. Ich versuche, in allem immer der/die Beste zu sein.
6. Ich bin ein sehr guter Gastgeber. Ich möchte, dass meine Gäste sich wohlfühlen.
7. Um zu einer Entscheidung zu kommen, prüfe ich alle verfügbaren Fakten und bespreche mich mit Freunden, deren Meinung ich schätze.
8. Ich lasse mich nicht so leicht unterkriegen und gehe auch zur Arbeit, wenn ich krank bin.
9. In der Eile des Gefechts vergesse ich gerne die Hälfte.
10. Um zu erfolgreichen Lösungen zu gelangen, nehme ich gerne auch mal Überstunden und Nachtschichten in Kauf.
11. Ich mache kaum Fehler, weil ich immer versuche, diese so weit wie möglich auszuschalten.
12. Für meine Freunde bin ich der Fels in der Brandung, da ich auch in schweren, emotionalen Situationen ruhig bleibe.
13. Mein Arbeitsmotto lautet: Ohne Fleiß kein Preis!
14. Ich bin immer in Bewegung und nehme gerne fünf Dinge auf einmal in Angriff.
15. Gerne passe ich mich den Wünschen meiner Familie und Freunde an.
16. Wenn alle müde sind, laufe ich erst zur Hochform auf.

17. Nach getaner Arbeit blicke ich noch einmal zurück und versuche zu erkennen, was ich noch besser hätte machen können.
18. Es ist mir sehr wichtig, die Erwartungen meines Umfeldes zu erfüllen.
19. Ich fange Dinge an und beende sie oft nicht.
20. Um nicht anzuecken, sage ich häufig Ja zu Dingen, die ich eigentlich gar nicht will.

Auswertung:
Übertragen Sie nun Ihre Bewertung der einzelnen Aussagen in die nachfolgend aufgeführten Antreiber-Kategorien und addieren Sie anschließend die Zahlen pro Kategorie. Je höher die Summe, umso ausgeprägter ist der jeweilige Antreiber bei Ihnen.

»Sei stark«
Fragen: 1:__ 8:__ 12:__ 16:__
Summe: ___

»Sei perfekt«
Fragen: 4:__ 7:__ 11:__ 18:__
Summe: ___

»Mach es allen recht«
Fragen: 2:__ 6:__ 15:__ 20:__
Summe: ___

»Beeil dich«
Fragen: 3:__ 9:__ 14:__ 19:__
Summe: ___

»Streng dich an«
Fragen: 5:__ 10:__ 13:__ 17:__
Summe: ___

Die gute Nachricht zuerst: Bei jedem der inneren Antreiber ist eine Summe von bis zu 12 Punkten im grünen Bereich. Sind es 13 Punkte und mehr, sollten Sie genauer hinschauen: Könnte es sein, dass der betreffende innere Antreiber dafür sorgt, dass Sie sich dann und wann selbst im Weg stehen? Und ab 16 Punkten wird's kritisch: Dann hat der betreffende innere Antreiber Sie fest im Griff und beeinträchtigt Ihr Leben so deutlich, dass Sie rasch etwas unternehmen sollten.

Hadern Sie nicht mit dem Testergebnis, sondern denken Sie daran, dass es niemanden geben dürfte, der keine inneren Antreiber hat. Sie können nichts für Ihr Ergebnis. Ihre inneren Antreiber stammen aus einer Zeit, die viele Jahre zurückliegt und in der Sie die Einflüsse, denen Sie ausgesetzt waren, nicht kontrollieren konnten. Das geht erst im Erwachsenenalter. Jetzt haben Sie die Chance, diese frühen Prägungen zu verändern. Wie das geht? Lassen Sie uns dazu die fünf inneren Antreiber noch einmal konkret anschauen.

- *»Sei stark«*

Ich bekenne hiermit: Das ist einer der Antreiber, die bei mir besonders stark ausgeprägt sind. Falls es Ihnen ebenso geht, wissen Sie, wie anstrengend es sein kann, immer den Starken zu markieren, immer eine Schulter zum Ausweinen zu bieten, immer der ruhende Pol in brenzligen Situationen zu sein. Denn innerlich brodelt es, ohne dass wir diese Gefühle aus uns rauslassen.

Inzwischen weiß ich: Nicht nur ich selbst, sondern auch die anderen haben es leichter, wenn ich mich öffne und über meine Gefühle, meine Schwächen und Ängste rede. Oft werden genau dann tiefgehende Begegnungen möglich. »Geteiltes Leid ist halbes Leid«, sagt der Volksmund – ich habe eine Weile gebraucht, um zu lernen, dass das stimmt.

Sie können dem Zwang zum ewigen Starksein begegnen, indem Sie sich selbst immer wieder daran erinnern, wie wichtig es ist, sich helfen zu lassen, und dass es ein Zeichen von Stärke ist, auch Schwächen zu zeigen.

- *»Sei perfekt«*
Sie gestehen sich selbst keine Fehler zu? Dann schreiben Sie sich das gute alte »Nobody is perfect!« auf einen Zettel und hängen Sie ihn an den Kühlschrank, den Badezimmerspiegel, den Monitor Ihres PC – natürlich funktioniert das auch mit jeder anderen Botschaft, die dem Drang zur Vollkommenheit entgegenwirkt: »Irren ist menschlich«, »90 Prozent reichen auch« oder »Ich habe mein Bestes getan, und das ist genug«.
Kein Mensch auf dieser Welt ist vollkommen. Selbst Topmodels, die mit ihrem Körper Millionen verdienen, haben an sich etwas auszusetzen. Es wäre auf die Dauer auch ziemlich langweilig, wenn ein Mensch immer alles richtig machen würde und immer auf alles eine Antwort hätte. Fehler sind erstens menschlich und zweitens immens wichtig, damit sich Ihr Gehirn und damit Ihre Persönlichkeit weiterentwickeln können. Also: Haben Sie den Mut, Fehler zu machen! Bei meinen Auftritten vor Publikum war es mir früher immer sehr peinlich, wenn ich mich versprochen habe, nicht weiterwusste oder mal wieder schwungvoll in einen Fettnapf getreten bin. Ich wünschte mir, die Erde würde sich auftun und mich mitsamt der Blamage verschlucken. Mittlerweile lache ich über meine Pannen und beziehe das Publikum mit ein. Falls Sie das auch ausprobieren möchten: Denken Sie daran, sich auf liebevolle Weise über sich selbst lustig zu machen. Und bitte sehen Sie davon ab, sich selbst für Ihre Fehler zu bestrafen. Erinnern Sie sich noch an das Thema Selbstliebe?
Wenn Sie sich mal wieder über Ihre eigene Unvollkommenheit ärgern, denken Sie daran, dass andere Menschen perfekte Menschen gar nicht mögen. Denn die führen jedem in ihrer Umgebung gnadenlos vor Augen, was alles bei ihm/ihr noch nicht stimmt. Und darum reißt sich wirklich niemand.

- *»Mach es allen recht«*
Wieder einer meiner eigenen Antreiber ... puh! Ich will Ihnen gar nicht genauer schildern, wie ich mich fühlte, als ich nach der Veröffentlichung mei-

nes ersten Buches im Internet auch die weniger schmeichelhaften Leserkommentare zu sehen bekam. Hier nur so viel: Ich arbeite daran, nicht mehr »Everybody's Darling« sein zu wollen. Unter anderem so, dass ich mir immer wieder sage – zur Not 20 Mal am Tag –, dass niemand auf dieser Welt es je allen recht machen wird. Oder indem ich mir das bekannte Sprichwort vom guten Ruf zitiere, mit dem sich erst dann so richtig gut leben lässt, wenn er ruiniert ist. Hilfreich ist auch, sich zu sagen, dass ein klar geäußerter Standpunkt einem bei anderen zwar nicht unbedingt Liebe, aber doch jedenfalls Respekt verschafft.

- »*Beeil dich*«
Insgeheim wissen Sie wahrscheinlich selbst ganz gut, dass jede Aufgabe ihre Zeit benötigt und sich nur wenige Dinge wirklich »nebenher« erledigen lassen. Das vielzitierte »Multitasking« hat einiges von seinem Nimbus verloren, nachdem klar wurde, dass unser Gehirn die Dinge keineswegs gleichzeitig, sonder immer schön nacheinander erledigt. Vielleicht kennen Sie die Zengeschichte vom Geheimnis der Zufriedenheit? Darin erinnert ein alter Zenmeister die Schüler, die ihn ungeduldig befragen, daran, wie wichtig es ist, die Dinge, die man tut, ganz zu tun, also wirklich bei der Sache zu sein, anstatt mit den Gedanken immer schon zur nächsten Aufgabe vorauszueilen.
Sie können der Stimme in Ihrem Kopf, die Ihnen ständig »Schnell, schnell!« zuruft, Einhalt gebieten, indem Sie eine Aussage wie etwa »Ich nehme mir Zeit für die Dinge, die mir wichtig sind« zu Ihrem neuen Mantra machen. Alternativ tun es auch die guten alten Volksweisheiten »In der Ruhe liegt die Kraft« oder »Gut Ding will Weile haben«.

- »*Streng dich an*«
Ohne Leistung geht es nicht. Das wissen wir alle. Noch besser allerdings geht es, wenn wir das, was wir tun, gerne tun und uns davon begeistern lassen. Leistung um der Leistung willen ist meist eine ziemlich verkrampfte

Angelegenheit. Wenn Sie merken, dass Sie immer der/die Beste sein wollen und sich ständig in Konkurrenz mit anderen sehen, sollten Sie versuchen, mehr Leichtigkeit und Freude in Ihr Leben zu holen. Hängen Sie nicht alles so hoch, sehen Sie die Dinge etwas gelassener. »Ja, prima«, denken Sie nun vielleicht. »Bloß wie?« Auch Sie können Ihre alten Glaubenssätze durch neue ersetzen. Etwa: »Leidenschaft ist die Wurzel des Erfolgs«, »Es ist auch okay, wenn mir etwas einfach in den Schoß fällt, weil ich zur richtigen Zeit am richtigen Ort war«, oder: »Leistung muss nicht wehtun, sondern kann auch ganz leicht sein.«

> **Übung 12**
> Ihre inneren Antreiber auf die Ebene des Bewusstseins zu holen gibt Ihnen die Chance, sie zu verändern. Nehmen Sie sich darum jetzt ein paar Minuten Zeit, um sich an Situationen aus den letzten Wochen zu erinnern, in denen Ihre inneren Antreiber Ihr Verhalten bestimmt haben. Notieren Sie sich dann zu jedem Ihrer Antreiber zehn Sätze, mit deren Hilfe Sie gegensteuern können. Am besten verwenden Sie dazu Karteikarten, die Sie immer bei sich tragen und regelmäßig durchlesen können. Vergegenwärtigen Sie sich Ihre neuen Glaubenssätze mindestens zwei Mal pro Tag. Dann können Sie sie in kritischen Situationen besser abrufen und sich darum bemühen, nicht wieder in Ihre alten Reaktionsmuster zurückzufallen. Auch wenn das anfangs mühsam ist, lohnt es sich, dranzubleiben: Mit der Zeit wird es Ihnen immer leichter fallen, auf neue, konstruktive Weise zu reagieren.

Wie Sie Ihre Ängste erfolgreich angehen

Das Bewusstsein über Ihre inneren Antreiber hilft Ihnen, Ihren ureigensten Ängsten näherzukommen, sie zu überwinden und mutiger zu werden – der vierte Aspekt des ISAIKI-Faktors.

Mut ist nichts anderes als der Sieg über die Angst. Menschen, die vor nichts Angst haben, gibt es nicht – wohl aber solche, die besonders gut darin sind, sich mit ihrer Angst produktiv auseinanderzusetzen. Das können Sie auch!

Angst blockiert uns, hält uns davon ab, Neues auszuprobieren, und sorgt dafür, dass wir immer schön innerhalb der Grenzen bleiben, die wir uns selbst gesteckt haben. Nun ist es allerdings so, dass unser Gehirn dafür gemacht ist, neue Dinge zu erproben, neue Erfahrungen zu machen. Es ist veränderbar, »plastisch«, wie die Experten es nennen, und somit kann es sich – und unsere ganze Person – weiterentwickeln.

Vor vier Jahren lernte ich eine spannende Selfmade-Millionärin kennen, die einst mittellos aus Tschechien nach Deutschland gekommen war. Ich fragte sie, wie sie es als Unternehmerin so weit gebracht hatte. Sie antwortete: »Ich vertraue dir mein Erfolgsgeheimnis an: Ich bin immer an meine Grenzen gegangen. Wenn ich vor etwas Angst hatte, bin ich erst recht drangegangen und habe die Sache so lange gemacht, bis ich keinerlei Angstsymptome mehr dabei verspürte.« Ich dachte lange über diese Antwort nach, und siehe da: Die Gehirnforschung bestätigt die Aussage der Dame. Gerald Hüther beschreibt in seinem Buch *Biologie der Angst* die mächtige Wirkung der Stresshormone, die unser Gehirn ausschüttet, wenn wir uns ängstigen. Stellen wir uns jedoch unserer Angst und suchen aktiv nach Wegen, sie zu überwinden, geschieht etwas Faszinierendes: Im Gehirn entstehen neue Nervenverbindungen. Es werden neue Wege gebahnt, auf die wir in ähnlichen Situationen zurückgreifen können. Darüber hinaus schüttet das Gehirn, wenn wir eine beängstigende Situation gemeistert haben, Glückshormone aus, um uns zu belohnen.

Ich habe mir die Maxime der tschechisch-deutschen Unternehmerin, der Angst stets ins Gesicht zu schauen, zu eigen gemacht. Als ich vor einigen Monaten die Anfrage erhielt, erstmals vor mehr als 1500 Menschen zu referieren, war mein erster Gedanke: »Das schaffe ich nicht!« Angst machte sich breit. Ich atmete ein paar Mal tief durch und stellte mir dann die folgenden Fragen:

- Was ist anders daran, vor 1500 statt vor 800 Menschen zu sprechen? (Na ja ... es sind mal eben 700 Menschen mehr mit ihren jeweils ganz eigenen Erwartungen an mich ...)
- Was ist der Unterschied zu Live-Sendungen im Fernsehen, bei denen viel mehr Menschen zuschauen, ich aber keine Probleme habe? (Die Fernsehzuschauer sehe ich nicht.)
- Was ist das Schlimmste, das mir passieren kann? (Dass ich versage, meine Inhalte nicht rüberbekomme, mich verhaspele, unsicher wirke.)
- Warum habe ich davor so viel Angst?(Weil ich es als Versagen interpretieren würde, weil ich den Erwartungen des Publikums nicht gerecht würde, weil es mir schlicht peinlich wäre.)

Nachdem ich mir meine Antworten noch einmal durch den Kopf hatte gehen lassen, stellte ich fest, dass der Dreh- und Angelpunkt meiner Angst das größere Publikum war. Ich stellte aber auch fest, dass sich die Situation als solche erst einmal nicht groß unterschied von vielen anderen Situationen meines Lebens, die ich schon gemeistert hatte – inklusive peinlicher Momente. Nachdem ich mich dann noch daran erinnert hatte, dass ich es nie restlos allen Zuhörern würde recht machen können, war ich so weit, dass ich den Auftritt zusagen konnte. Rückblickend kann ich sagen, dass er zu meinen besten gehört und ich noch Tage danach im Glücksrausch über den Erfolg war, den ich erzielt hatte.

Ängste aktiv anzugehen macht glücklich und erweitert den eigenen Horizont ungemein. Probieren Sie es selbst aus!

> **Übung 13**
> Welche Ängste möchten Sie überwinden? Wie könnten die ersten Schritte aussehen, um die jeweilige Angst zu bekämpfen? Überlegen Sie, was das Schlimmste ist, das Ihnen passieren kann, wenn Sie sich der Angst stellen. Sind die befürchteten Auswirkungen bei näherem Hinsehen wirklich so schlimm?
>
> _____
> _____
> _____
> _____
> _____

Je häufiger Sie die Erfahrung machen, dass es möglich ist, sich über Ängste hinwegzusetzen und sie damit kleiner werden zu lassen, desto mehr werden Sie diese neu gewonnene Sicherheit auch ausstrahlen. Mutig sein macht sexy!

Ihre neu gewonnene innere Stärke können Sie nutzen, um den fünften und letzten ISAIKI-Faktor in Ihr Leben zu holen: Wer sagt, dass Regeln, die Ihnen nicht entsprechen und Ihr positives Potenzial einschränken, unbedingte Geltung haben? Woher stammen diese Regeln eigentlich? Haben Sie sie sich selbst eines Tages auferlegt, oder hat man Ihnen gesagt, dass »man« sich eben in bestimmten Situationen auf eine bestimmte Weise zu verhalten habe? Ganz gleich, wie es sein mag: Sie haben die Macht, diese Regeln zu verändern oder zu ersetzen durch solche, die besser zu Ihnen passen und Ihre Kompetenzen angemessener zur Geltung bringen. Mit sehr hoher Wahrscheinlichkeit werden dann nicht nur Sie selbst, sondern auch andere Menschen feststellen, dass das Leben ohne gewisse Regeln um vieles einfacher ist …

> »Du musst das Leben nicht verstehen,
> dann wird es werden wie ein Fest.
> Und lass dir jeden Tag geschehen,
> so wie ein Kind im Weitergehen von jedem Wehen
> sich viele Blüten schenken lässt.
>
> Sie aufzusammeln und zu sparen,
> das kommt dem Kind nicht in den Sinn.
> Es löst sie leise aus den Haaren,
> drin sie so gern gefangen waren,
> und hält den lieben jungen Jahren
> nach neuen seine Hände hin.«
>
> Rainer Maria Rilke

R – Richten Sie sich neu aus

Sie haben sich inzwischen bewusst gemacht, dass Sie ein ganz besonderer, liebenswerter Mensch sind, und Sie arbeiten daran, sich von den Ängsten und Zwängen zu befreien, die Sie einengen – Zeit, den nächsten Schritt der »Ich-FORMEL« in den Blick zu nehmen: Ihre Neuausrichtung. Sie wollen nicht länger jemand sein, der sich von den Arschlöchern dieses Lebens kleinmachen lässt. Sie wollen selbstsicher sein, und Sie wollen Sie selbst sein, ganz authentisch. Geht das denn aber beides gleichzeitig? Kann man so richtig selbstsicher wirken und gleichzeitig authentisch sein?

Ja, man kann. Und was noch besser ist: Man muss eigentlich sogar. Denn die Selbstsicherheit, die aus Authentizität erwächst, ist die nachhaltigste, stabilste Art von Selbstvertrauen. Wenn Sie wirklich bei sich sind, sprechen Ihr Körper, Ihre Stimme, Ihre Haltung und Ihre Mimik gewissermaßen dieselbe Sprache. Sie sind kongruent, und das ist es, was Ausstrahlung schafft und andere mitreißt.

Ich habe lange nach einer Formel für Authentizität gesucht und sie vor ein paar Monaten gefunden. Sie ist gar nicht so imposant, wie ich dachte, dass sie ausfallen müsste – nein, ganz leise ist diese Formel. Authentizität ist schlicht die Schnittmenge zwischen dem eigenen Denken, den dazugehörigen Gefühlen und dem entsprechenden Handeln. Sind diese drei im Einklang, präsentiert man sich seiner Umwelt unverstellt … und glauben Sie mir, Menschen fühlen das!

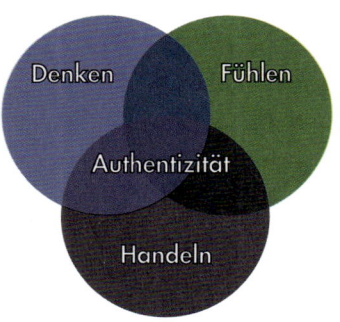

Der starke erste Eindruck: So geht's

Authentizität beginnt mit dem ersten Eindruck. Wahrscheinlich verrate ich Ihnen nichts Neues, wenn ich Ihnen sage, dass Sie diesen ersten Eindruck, den Sie bei anderen Menschen hinterlassen, bewusst beeinflussen können.

Sie haben dazu zwischen 150 Millisekunden und 90 Sekunden – so lange dauert es in etwa, bis Menschen sich einen ersten Eindruck von ihrem Gegenüber gebildet haben. Aber: Kein

Stress! Sie müssen in dieser kurzen Zeit nicht unbedingt etwas Super-Intelligentes sagen. Natürlich schadet es auch nicht, wenn Sie's tun – aber Tatsache ist, dass für den ersten Eindruck zu 90 Prozent der gepflegte, selbstbewusste Auftritt entscheidend ist und nur zu 10 Prozent das, was Sie sagen. Augen und Gehirn Ihres Gegenübers arbeiten in den ersten Augenblicken des Sich-Kennenlernens auf Hochtouren. Forscher glauben, dass wir binnen Sekunden Millionen von Bits (Bildinformationseinheiten) unterbewusst wahrnehmen können und bewusst etwa 40 bis 60 Bits. Es lohnt sich also, sich genauer zu überlegen, was man für einen guten ersten Eindruck tun kann. Den gepflegten äußeren Auftritt habe ich weiter oben schon kurz angesprochen. Daneben sollten Sie sich stets dessen bewusst sein, dass Ihre Körpersprache einiges über Sie aussagt, noch bevor Sie den Mund aufmachen. Ihre Befindlichkeit wird sich immer über Ihren Körper ausdrücken. Wenn Sie sich beispielsweise bei einem gesellschaftlichen Anlass nicht wohlfühlen und den Abend viel lieber allein zu Hause verbringen würden, dürfen Sie darauf wetten, dass Ihre Füße Ihre eigentlichen Absichten deutlich verraten. Schauen Sie doch beim nächsten Stehempfang mal, was Ihre Füße und die Ihres Gegenübers so alles treiben. Sind sie breit oder eng aufgestellt? Wohin zeigen die Fußspitzen? Sind die Füße ruhig oder ständig in Bewegung?

Dazu an späterer Stelle noch mehr. Lassen Sie uns jetzt lieber von vorne, oder besser: von oben anfangen, nämlich beim *Kopf*. Über diesen Bereich unserer Körpersprache haben wir am meisten bewusste Kontrolle. Wir machen ein Pokerface, wenn wir unsere Gefühle für uns behalten wollen, und wir setzen unsere Mimik bewusst ein, um bei anderen etwas zu erreichen.

Arme, Beine und Bauch kontrollieren wir schon weniger bewusst – hier drückt sich unser seelisches Befinden oft unmittelbarer aus als im Gesicht. Generell gestikulieren Frauen mehr als Männer. Und je höher Menschen in der sozialen Hierarchie angesiedelt sind, umso weniger Gesten zeigen sie im Allgemeinen. Wie intensiv wir gestikulieren, hängt aber auch davon ab, in welchem Kulturkreis wir aufwachsen. Deutsche gestikulieren meist weniger als Franzosen, die wiederum mit ihren Gesten sparsamer sind als beispielsweise Italiener.

Vom Bauchnabel bis zum Steißbein zeigen sich unsere Sinnlichkeit und Sexualität sowie unser generelles Aktivitätslevel. In dieser Zone unserer Körpersprache drücken sich unsere menschlichen Grundbedürfnisse aus, aber auch, welchen Dominanzanspruch wir haben. Wir alle kennen das breitbeinige Sitzen bei Männern, aber auch den nach außen gereckten Po bei Frauen – typisch männliche bzw. weibliche Gesten, die zeigen sollen: »Seht her, ich stelle etwas dar, ich bin jemand!«

Rückt Ihnen jemand, den Sie nicht kennen, sehr nahe auf die Pelle, ohne dabei irgendein Anzeichen von Sympathie für Sie zu zeigen, wird er oder sie bei Ihnen höchstwahrscheinlich keinen allzu guten ersten Eindruck hinterlassen. Sie werden dieses Verhalten zu Recht als Dominanzgeste deuten: Hier demonstriert der andere seine Macht, indem er Ihre Grenzen überschreitet – wir haben über diese insbesondere bei amtlichen Arschlöchern verbreitete Strategie weiter oben schon gesprochen.

Hier sind die Top Ten einer selbstbewussten Körpersprache, mit der Sie im Gespräch und insbesondere bei Erstkontakten Ihren Mann bzw. Ihre Frau stehen und bei Ihrem Gegenüber punkten – und sich gleichermaßen Sympathie wie Respekt verschaffen:

1. *Händedruck:* Zwei bis drei Sekunden sollte er dauern, nicht zu fest und nicht zu leicht sein. Ihre Handinnenfläche sollte die

Ihres Gegenübers berühren, und mit dem Daumen umschließen Sie die Hand des anderen. Damit vermitteln Sie Selbstbewusstsein und kommunizieren auf Augenhöhe.

2. *Lächeln,* lächeln, lächeln – ein Lächeln ist die kürzeste Verbindung zwischen zwei Menschen.

3. *Blickkontakt:* Schauen Sie dem anderen etwa zwei bis drei Sekunden lang gerade in die Augen und wiederholen Sie dies immer wieder. Den Kontakt länger zu halten kann dazu führen, dass Ihr Gegenüber sich (bedrohlich) angestarrt fühlt; weniger Blickkontakt kostet Sie den Kontakt zum anderen.

4. *Blickintensität:* Als Zuhörende/r haben Sie 60 bis 70 Prozent der Gesprächszeit Blickkontakt; als Sprechende/r nur 30 bis 40 Prozent. Wenn Sie den größeren Redeanteil ha-

ben, schauen Sie Ihr Gegenüber öfter an – Sie gewinnen mit dem, was Sie zu sagen haben, dann eher das Vertrauen des anderen.

5. *Körperhaltung:* Aufrecht und offen sollte sie sein. Also: Kopf hoch, Körperspannung, Arme offen, Beine hüftbreit aufgestellt. Sie können das zu Hause üben – am besten dann, wenn Sie keiner sieht: mit einem Buch auf dem Kopf und einem Geldstück zwischen den Pobacken.

6. *Körperkontakt:* Berühren Sie Ihr Gegenüber immer mal wieder leicht am Ober- oder Unterarm. Sie bauen so eine persönliche Beziehung auf.

7. *Fußposition:* Achten Sie darauf, dass Ihre Fußspitzen zum anderen hin zeigen. Nur dann sind Sie wirklich »im« Gespräch und dem anderen zugewandt. Alles andere wird Ihr Gegenüber, ohne es selbst zu merken, völlig zu Recht als Indiz dafür interpretieren, dass Sie gerade lieber woanders wären …

8. Ihr *Oberkörper* sollte ganz leicht in Richtung Ihres Gegenübers vorgebeugt sein. Diese sogenannte »assoziierte« Körperhaltung sagt dem anderen: Ich bin ganz bei dir.

9. *Nicken, Hörersignale, leicht geöffneter Mund:* Auch auf diese Weise signalisieren Sie Zugewandtheit und Interesse. »Hmmm«, »Aha« oder, wenn's passt, auch »Nein!«, »Echt?«, »Wow!« oder »Unglaublich!« zeigen dem anderen, dass Sie aktiv zuhören.

10. *Sitzposition:* Wenn Sie die Möglichkeit haben, mit dem anderen über Eck zu sitzen, nutzen Sie sie. Diese Sitzposition schafft Nähe.

Achten Sie bei sich selbst und anderen doch auch einmal darauf, mit welcher Hand, welchem Arm, welcher Körperseite Sie vor allem agieren. Unsere Körperseiten spiegeln nämlich jeweils über Kreuz die beiden Hälften (oder Hemisphären) unseres Gehirns. Die linke Gehirnhemisphäre ist stärker als die rechte mit dem logisch-analytischen Denken verknüpft, bei der rechten ist es umgekehrt: Sie ist stärker als die linke für Intuition, Kreativität, Gefühle zuständig. Durch die Verknüpfung über Kreuz mit unserem Körper drückt dementsprechend unsere rechte Körper- und Gesichtshälfte die logisch-rationalen Anteile unseres Wesens aus, die linke hingegen eher die intuitiv-emotionalen Anteile. Im Idealfall sind natürlich die beiden Gehirn- und Körperhälften gut miteinander vernetzt, so dass beide Wesensanteile im Gleichgewicht sind. Überwiegt bei Ihnen oder Ihrem Gesprächspartner in der Gestik jedoch klar eine Körperhälfte, können Sie davon ausgehen, dass Sie selbst oder der andere entweder vorwiegend rational geprägt sind oder eben emotional.

Wenn Sie sich sicher fühlen und »gut drauf« sind, wird Ihr Körper ganz von selbst eine aufrechte Haltung einnehmen, die aktiv und gespannt, aber nicht angespannt wirkt. Geht es Ihnen eher nicht so gut, lässt auch Ihr Körper sich hängen: Die Schultern sacken dann beispielsweise nach vorn, die Arme hängen, und wenn es ganz schlimm kommt, zeigt sogar die Nasenspitze Richtung Boden. Ich muss Ihnen sicher nicht sagen, dass Sie den Arschlöchern unter uns Menschen in dieser Haltung besser nicht gegenübertreten sollten ...

Wie deutungssicher sind Sie beim Entschlüsseln der Mimik und Körpersprache? Können Sie den ersten Eindruck, den Sie bei anderen hinterlassen wollen, bewusst in Ihrer Körpersprache gestalten? Manchmal ist es hilfreich, die Dinge noch einmal vor Augen geführt zu bekommen, um sie praktisch umsetzen zu können. Schauen Sie sich die folgenden 10 Bilder genau an. Was könnte sich in der Mimik und der Körpersprache der abgebildeten Menschen ausdrücken? Mehrfachnennungen sind möglich.

1. Welche Emotion ist hier zu sehen?
    a) Angst
    b) Freude
    c) Trauer

2. Wie geht es dem Mann auf dem Bild?
    a) Er ist zuversichtlich und fühlt sich wohl.
    b) Er wirkt aufgewühlt.
    c) Er macht einen auf cool und locker, fühlt sich aber nicht wirklich so.

3. Was sagt die Haltung über die Frau aus?
    a) Sie zeigt typisch weibliches Verhalten.
    b) Diese Haltung drückt Selbstbewusstsein aus.
    c) Sie ist unentschlossen.

4. Wann legen wir die Stirn so in Falten?
    a) Wenn wir nachdenken.
    b) Wenn wir überrascht und fasziniert sind.
    c) Wenn wir wütend sind.

R – Richten Sie sich neu aus   141

5. Wann wenden wir die hier gezeigte Geste an?
   a) Wenn wir nicht weiterwissen.
   b) Wenn wir die Verantwortung von uns weisen möchten.
   c) Wenn wir einen klaren Weg vorgegeben haben.

6. Wofür steht dieser Gesichtsausdruck?
   a) Überraschung
   b) Verschlossenheit
   c) Offenheit und Zugänglichkeit

7. Welchen Eindruck hinterlässt diese Haltung bei Ihnen?
   a) Ich sehe einen unsicheren, zurückhaltenden Menschen.
   b) Ich sehe einen Menschen, der weiß, was er kann und will.
   c) Ich sehe einen sehr einfühlsamen und sensiblen Menschen.

8. Welches der drei Bilder steht für Macht- und Dominanzverhalten?
   a) Bild 1
   b) Bild 2
   c) Bild 3

9. Wie geht es diesen Menschen miteinander?
   a) Sie mögen sich.
   b) Sie haben sich nichts zu sagen.
   c) Sieht aus, als hätten die beiden Streit.

10. Ist die dritte Person erwünscht?
    a) Ja.
    b) Nein.
    c) Das ist noch nicht ganz klar.

FORMEL »Ich«

Auflösung:
1. b) Freude. Sie erkennen Freude daran, dass sich im Gesicht alles nach oben zieht: Mund- und Augenwinkel, die Fältchen um die Augen – der Augenringmuskel ist zusammengezogen, der Mund weit geöffnet.
2. b) Diesen Mann hat etwas aufgewühlt; er berührt seinen Nacken – das ist eine typisch männliche sogenannte »Autoberuhigungsgeste«. Typisch weiblich wäre, sich über die kleine Grube zwischen den Schlüsselbeinen oder über das Haar zu streichen. All diese Berührungen helfen uns dabei, uns zu entspannen und zu beruhigen. Früher haben unsere Eltern uns so berührt, jetzt machen wir es selbst.
3. a) Diese Frau zeigt typisch weibliches Verhalten, indem sie die Beine eng beieinanderhält, so dass die Knie sich berühren. Frauen neigen u. a. aus der Erziehung heraus dazu, sich körperlich kleiner zu machen und zurückhaltender zu geben.
4. b) Wenn wir überrascht und fasziniert sind, reißen wir die Augen auf, legen die Stirn in Falten und zeigen unserem Gegenüber damit, dass wir über das Gesagte fasziniert und berührt sind.
5. b) Das Achselzucken ist ein klarer Hinweis darauf, dass hier jemand die Verantwortung für etwas nicht übernehmen will. Man sieht diese Geste häufig in der Politik.
6. c) Wenn wir Augen und Mund geöffnet haben und unsere Pupillen groß sind, signalisieren wir Offenheit, Neugierde und Zugänglichkeit. Jemandem, der so schaut, nähert man sich gerne.
7. c) Hier ist ein sehr einfühlsamer, sensibler Mensch zu sehen. Er beugt sich seinem Gegenüber entgegen, streichelt dessen Arm und betont damit seine emphatische Seite.
8. b) Dieser Mensch benutzt zwei Stühle und hat den gesamten Tisch in Beschlag genommen, macht sich also so richtig breit – ein Zeichen für Macht- und Dominanzanspruch.

9. c) Diese beiden Menschen führen ein Konfliktgespräch. Ihre Körper und Gesichter sind angespannt, die Frau hat gewissermaßen die Pistole ausgepackt und konfrontiert ihren Gesprächspartner mit irgendetwas.
10. b) Beide Gesprächspartner sind einander mit Oberkörper und Füßen zugewandt. Die dritte Person steht außerhalb und wird nicht willkommen geheißen.

Jede richtige Antwort ergibt einen Punkt.
Und? Wie viele Punkte konnten Sie sammeln?

10–7 Punkte:
Herzlichen Glückwunsch! Sie gehen mit sehr feinen Antennen durchs Leben und verfügen über eine gute Intuition und Menschenkenntnis.

6–4 Punkte:
Sie sind auf dem besten Weg, ein Körpersprache-Experte zu werden. Achten Sie vielleicht noch etwas mehr auf die nonverbalen Signale Ihrer Mitmenschen. Üben können Sie das überall: an der Bushaltestelle, beim Bäcker, auf dem Markt, am Bahnhof, in der S-Bahn, an der roten Ampel ...

3–0 Punkte:
Ups! Ihr Wissen in Sachen Körpersprache/Wahrnehmung ist ausbaufähig. Woran liegt's? Sind Sie menschenscheu, oder sind Ihnen die anderen schlicht egal? Ich vermute, dass Sie häufiger unter Missverständnissen zu leiden haben. Dagegen lässt sich etwas tun, indem Sie Ihre Menschenkenntnis erweitern.

> **Übung 14**
> Eine Videokamera hat heutzutage fast jeder. Filmen Sie sich selbst doch einmal in einer familiären oder geschäftlichen Situation etwa 20 bis 30 Minuten lang. Zugegeben: Anfangs werden Sie sich dabei sehr befangen fühlen, aber schon nach einigen Minuten werden Sie die Kamera vergessen und frei agieren.
> Sich den Film dann anzuschauen und Ihre eigene Körpersprache zu analysieren kann unglaublich aufschlussreich sein, denn Sie wissen ganz genau, wie Sie sich in den unterschiedlichen Momenten des Films gefühlt haben. Jetzt sehen Sie auch, wie diese Gefühle sich in Ihrer Körpersprache niederschlagen. Ich gestehe gerne, dass mir selbst solche Analysen bis heute nicht angenehm sind. Manchmal finde ich es einfach nur komisch, manchmal aber auch schmerzhaft, mir selbst zuzusehen. Ich habe die Analyse aber trotzdem noch nie abgebrochen, weil sie mir immer enorm weiterhilft. Beispielsweise ist mir vor einem Jahr aufgefallen, dass mein linker Arm hektisch zuckt, wenn ich aufgeregt bin. Diese Erkenntnis hilft mir nun, besagten Arm in herausfordernden Situationen besser unter Beobachtung und unter Kontrolle zu halten.
> Es lohnt sich also, wenn Sie Ihren Film Stück für Stück durcharbeiten. Achten Sie auf Ihre Arme und Beine und auf die Wirkung Ihrer Gesten. Das ist spannender als ein Krimi!

Für den ersten Eindruck spielt neben Ihrer Körpersprache auch Ihre Kleidung eine wichtige Rolle. Mit ihrer Hilfe können wir unterstreichen, wie wir wirken wollen: unabhängig, kompetent, vertrauenswürdig, weiblich, festlich, korrekt, extravagant, auffallend, zurückhaltend – je nach Anlass. Stil, Farbe und Schnitt unserer Kleidung geben ebenso wie der Schmuck, den wir tragen, einen Hinweis auf unsere Persönlichkeit.

Eine Studie der Universität Minnesota zeigte eindrucksvoll, dass Frauen in Abhängigkeit von ihrer Kleidung unterschiedlich viel Kompetenz zugeschrieben wird, je nachdem, ob ein und dieselbe Dame einen Hosenanzug mit Bluse, ein Kleid mit Rollkragen oder ein tief dekolletiertes Kleid trug. Die meiste Kompetenz bescheinigten die Versuchspersonen (es handelte sich um Personalmanager) den Damen im Hosenanzug. Die freizügig dekolletierten Damen fielen als Bewerberinnen durch, auch wenn sie im Lebenslauf ebenso gute Qualifikationen vorweisen konnten wie die Anzugträgerinnen.

Andere Experimente haben gezeigt, dass Menschen, die zwar modisch, aber unauffällig und außerdem gepflegt gekleidet sind, eine größere Chance haben, Auskunft oder Hilfe zu bekommen, als abgerissen oder aber luxuriös gekleidete Menschen. Offensichtlich spielt auch hier unser Bedürfnis nach Gemeinsamkeiten eine Rolle. Ein Bettler erhält am meisten Unterstützung von Menschen, die ähnlich gekleidet sind wie er selbst, und bei Umfragen im Supermarkt waren Angehörige der Mittel- und Oberschicht offener und zugänglicher, wenn der Fragende eine Krawatte trug, Angehörige der Unterschicht hingegen tauten eher auf, wenn sie von jemandem ohne Krawatte befragt wurden.

Was die Farbe Ihrer Kleidung über Sie aussagt
Lassen Sie uns wieder mit einer kleinen Übung starten:

> **Übung 15**
> Stellen Sie sich doch mal kurz vor Ihren Kleiderschrank und notieren Sie sich, welche Farben darin vor allem vertreten sind. Weiter unten werden Sie erfahren, wofür Ihre Lieblingsfarben stehen. In einem weiteren Schritt können Sie dann darüber nachdenken, ob die Bedeutung der Farben der Wirkung entspricht, die Sie bei anderen erzielen möchten.

Was wir anhaben, verändert übrigens auch unsere Körpersprache. Eine Braut beispielsweise nimmt automatisch eine majestätische Haltung an und geht aufrechter. Ähnliche Auswirkungen hat auch Abendkleidung in Oper oder Theater. Wir fühlen uns durch unsere Kleidung aufgewertet und strahlen dies mit unserem ganzen Körper aus. Denken Sie daher bei wichtigen Terminen und Verabredungen daran, dass Sie sich in Ihrer Kleidung auch wirklich wohlfühlen. Ist dies nicht der Fall, werden Sie immer wieder daran herumzupfen und diese Unbehaglichkeit auf Ihren Gesprächspartner übertragen.

Nun aber zur Farbe der Kleidung: Schwarz, Grau, Dunkelblau und andere gedeckte Farben strahlen Seriosität und Vertrauenswürdigkeit aus. Farben aller Art stehen hingegen für Energie und Dynamik. Pastellfarben wie Rosa, Mintgrün, Zartlila wiederum bringen – ebenso wie weich fließende Stoffe – Zartheit zum Ausdruck.

Angela Merkel hat nicht nur bei ihrer inzwischen berühmt gewordenen Halskette im letzten Wahlkampf farbliche Signale gesetzt. Sie zeigt sich mal unauffällig dunkel gekleidet und mal mit einem ihrer farbigen Blazer, je nach Anlass und gewünschter Wirkung.

R – Richten Sie sich neu aus 149

Was ist nun Ihre Lieblingsfarbe? Welche Farbe haben Sie überwiegend in Ihrem Kleiderschrank? Und was sagt das über Sie aus?

Rot:
Rot ist eine sehr energetische Farbe – nicht von ungefähr gilt es auch als Signalfarbe. Es steht gleichermaßen für Gefahr wie für Erotik. An der roten Fußgängerampel bleiben wir stehen, der rote Schmollmund ist eine Einladung zum Küssen. Angesichts dieser Doppelbedeutung ist es sicherlich kein Zufall, dass Rot auch die Farbe unseres Blutes ist.

Rot kann wärmend wirken (nicht nur als heilungsfördernde Rotlichtlampe), aber auch aggressiv machen. Wenn Sie Rot lieben, sind Sie ein leidenschaftlicher und impulsiver Mensch, der die Aufmerksamkeit anderer nicht fürchtet – denn die haben Sie mit dieser Farbe garantiert.

Gelb:
Gelb steht für Heiterkeit, Optimismus und Wärme, aber auch für Weisheit. Denken Sie nur an die Farbe der Sonne, an einen Zitronenfalter oder die safrangelben Roben buddhistischer Mönche. Wie Rot ist auch Gelb nicht zu übersehen und strahlt eine starke Dynamik aus. Mit einem gelben Textmarker markieren wir, was uns in einem Text wichtig ist. Gelb wird mit mentaler Kraft verknüpft, und in der traditionellen Farbenlehre ist es die Farbe der Ewigkeit.

Wenn Sie Gelb lieben, sind Sie ein fröhlicher, optimistischer Mensch, der immer das Beste aus einer Situation zu machen versucht. Sie sind begeisterungsfähig und haben immer ein offenes Ohr für Ihre Mitmenschen.

Blau:
Blau ist eine der beliebtesten Farben überhaupt. Es hat eine beruhigende und ausgleichende Wirkung und wird in der Farblichttherapie zur Behandlung von Verspannungen und Migräne eingesetzt. Der Anblick des blauen Himmels oder Meeres lädt zum Träumen ein. In Verbindung mit Wasser steht Blau u. a. für Klarheit und Wahrheit.

Ist Blau Ihre Lieblingsfarbe, sind Sie ein freiheitsliebender, aber gleichzeitig auch ein treuer Mensch. Das Wohl anderer liegt Ihnen am Herzen, und gern sind Sie vermittelnd tätig, um Konflikte zu schlichten.

Braun:
Braun steht als Farbe für Geerdet-Sein, für unsere Wurzeln. Es ist von daher auch eine nostalgische Farbe. Wie alle Erdtöne strahlt auch Braun Wärme und Geborgenheit aus. Braune Haut gilt in unseren Breiten als Zeichen von Gesundheit, Vitalität und Dynamik.

Hegen Sie eine Vorliebe für Braun, sind Sie ein beständiger Mensch, der tiefe Beziehungen zu anderen Menschen hat, die bis in Ihre Kindertage zurückreichen. Sie sind loyal und hilfsbereit und für neue Herausforderungen nicht unbedingt zu begeistern. Sie lieben Ihre Routine.

Violett:
Violett ist eine geheimnisvolle Farbe, die auch als Farbe der Spiritualität gilt. Ihre energetische Schwingung gilt als kreativitätsfördernd und öffnet den Zugang zu unserem Unterbewussten. In der Farbheilkunde wird Violett zur Schmerzlinderung eingesetzt.
Violette Kleidung lässt uns aufrechter und würdevoller wirken. Menschen, die Violett lieben, sind kein Freund großer Worte, sondern beschränken sich lieber auf das Wesentliche. Sie strahlen Autorität und Vertrauenswürdigkeit aus.

Grün:
Diese Farbe lässt uns an die Natur denken ... saftige Wiesen und duftende Wälder. Grün steht für Frische, Hoffnung und Heilung. In vielen Krankenhäusern sind deshalb die Zimmer in einem zarten Grün gehalten. Die beruhigende Wirkung von Grün ist nachgewiesen.
Wenn Sie gerne Grün tragen, stehen Sie mit beiden Beinen im Leben und sind ein naturverbundener Mensch. Sie können tatkräftig mit anpacken, wo Ihre Hilfe gefragt ist. Und Sie blicken optimistisch in die Zukunft.

Schwarz:
Schwarz hat ähnlich wie Rot ein ambivalentes Bedeutungsspektrum. Es kann elegant und trendig wirken, aber auch düster und bedrohlich. Als Nicht-Farbe steht Schwarz in unserem Kultur-

kreis für Tod und Trauer; gleichzeitig wirkt schwarze Kleidung zeitlos, festlich und seriös.

Wenn Sie schwarze Kleidung bevorzugen, sind Sie ein realistischer Mensch, der an den ernsthaften Dingen des Leben interessiert ist. Tiefe, Schnörkellosigkeit und Geradlinigkeit sind zentrale Werte für Sie.

Orange:
Orange ist ähnlich wie Rot und Gelb eine warme, aktive Farbe. Sie steht für Lebensfreude, symbolisiert etwa in vollreifen Orangen oder romantischen Sonnenuntergängen. Im Buddhismus ist Orange die Farbe der höchsten menschlichen Erleuchtung. Daneben gilt sie als appetitanregend und als Farbe der Kommunikation.

Ist Orange unter den Farben Ihr Favorit, sind Sie ein humorvoller Mensch, der Geselligkeit liebt. Sie lachen gern mit anderen um die Wette und sind ein begeisterungsfähiger Wirbelwind.

Weiß:
Weiß ist die Farbe der Reinheit. Es lässt uns an frisch gefallenen Schnee denken oder an ein unbeschriebenes Blatt. Es ist die klassische Brautkleid-Farbe, wird aber auch im Gesundheitswesen gern eingesetzt. Neben Sauberkeit und Unschuld lässt sich mit Weiß auch das Nichts oder die große Leere assoziieren.

Wenn Sie gern Weiß tragen, sind Sie ein klarer, strukturierter Mensch, der Transparenz schätzt, gut und gerne organisiert und immer den Überblick behält.

Rosa/Pink:
Das zarte Rosa wie das kräftigere Pink sind traditionell weibliche, romantische Farben. Beide wirken weniger aggressiv als Rot. Lie-

ben Sie Rosa und/oder Pink? Dann sind Sie ein verspielter, harmoniebedürftiger Mensch, der viel Bestätigung aus seinem Umfeld braucht.

> **Übung 16**
> Wie möchten Sie bei einem Date, einem Vorstellungsgespräch, einem wichtigen Meeting wirken? Schreiben Sie sich die Eigenschaften mit den dazu passenden Farben auf. Falls Ihr Kleiderschrank diesbezüglich Lücken aufweisen sollte, haben Sie nun einen wunderbaren Grund, endlich mal wieder shoppen zu gehen …
>
> _____
> _____
> _____
> _____
> _____

Übrigens: Der Designer und Psychologe Harald Braem hat eine Studie durchgeführt, die ergeben hat, dass unsere farblichen Vorlieben mit dem Lebensalter wechseln. Kinder bevorzugen demnach Grundfarben vor Mischfarben, jüngere Menschen mögen helle, lebhafte Farben – außer in der Pubertät: Da zeigt sich mitunter eine Vorliebe für seltene, abwegige Farben. Im mittleren Erwachsenenalter stehen satte, glänzende Farben und Mischtöne ganz oben in der Beliebtheitsskala, während ältere Menschen eher dunkle, abgeschwächte Farben bevorzugen.

Laut Braem gibt es auch Zusammenhänge zwischen Farbvorlieben und dem, was man beruflich tut, sowie mit dem Einkommen. Menschen mit höherem Einkommen kleiden sich gern Ton in Ton und bevorzugen Pastelltöne, während wer nicht so viel verdient, auf knallige und glänzende Farben steht. In der Stadt trägt man gern kältere Farben, Pastelltöne sowie Grün und Blau; auf dem Land bevorzugt man sattere Farben, rote und gemusterte Kleidungsstücke. Kopfarbeiter mögen eher Blau, während Handwerker Rot vorziehen. Und introvertierte Menschen lieben schwere, dunkle Farben und Mischtöne, während Extravertierte auf starke, glänzende Farben und Vollfarben stehen.

Vielleicht möchten Sie diesbezüglich in Zukunft mal Ihre eigenen Studien anstellen – auf alle Fälle lohnt es sich, morgens vor dem Kleiderschrank zu überlegen, welche Aufgaben und Begegnungen im Laufe des Tages anstehen, und Ihre Kleidung und die Farben darauf abzustimmen. So schaffen Sie die Grundlage für ein stimmiges Erscheinungsbild und einen authentischen Auftritt.

Die äußere Erscheinung bewirkt viel, aber nicht alles

Auch wenn beim ersten Eindruck das, was wir sagen, eine untergeordnete Rolle spielt, ist es natürlich nicht ganz egal. Vor allem *wie* wir sprechen, hat auf unser Gegenüber einige Wirkung. Der Klang der Stimme trägt viel dazu bei, ob wir einen Menschen attraktiv und ansprechend finden oder nicht. Selbst wenn jemand äußerlich betrachtet gar nicht so imposant daherkommt, kann er oder sie das mit einer vollen, weichen Stimme mehr als wettmachen. Umgekehrt verliert ein Mensch, dessen Anblick uns imponiert, einiges von seinem Nimbus, wenn seine Stimme überhaupt nicht zu seiner äußeren Erscheinung passt.

Tiefe Stimmen assoziieren wir mit Selbstbewusstsein und Dominanz, hohe Stimmen dagegen mit Unsicherheit. Falls Sie mit Ihrer eigenen Stimme nicht zufrieden sein sollten, überlegen Sie doch mal, die Hilfe eines Sprachtrainers in Anspruch zu nehmen. Die Promis machen es auch nicht anders, und tatsächlich kann ein Sprachtraining Wunder wirken, wenn es darum geht, aus der eigenen Stimme das Optimum herauszuholen.

Verkneifen Sie sich beim Sprechen »Ähs« und »Öhs«. Solche Füllwörter vermitteln Ihrem Gegenüber, dass Sie sich Ihrer Sache nicht ganz sicher sind und schneller reden, als Sie denken – womit der andere dann meist auch nicht ganz unrecht hat. Geben Sie sich Zeit und Raum, zu überlegen, was Sie sagen. Ihr Auftritt und der Eindruck, den Sie auf andere machen, können dadurch nur überzeugender werden. Geben Sie auch dem anderen die Möglichkeit, etwas zu sagen. Wenn Sie an den richtigen Stellen schweigen und den anderen nur ansehen, intensiviert das Ihren Kontakt und lädt den anderen ein, seinerseits zu sprechen. Achten Sie dabei auf wiederkehrende Ausdrücke. Sie können sie aufgreifen und dadurch die Sympathie Ihres Gegenübers gewinnen – Sie wissen ja: Hier greift wieder der tief verwurzelte Wunsch nach Gemeinsamkeiten. Wir fühlen uns einfach gerne vom anderen verstanden und akzeptiert …

Verpacken Sie das, was Sie zu sagen haben, in Bilder; nutzen Sie starke, aussagekräftige Verben. Erklären Sie Ihrem Gegenüber keine Theorien, sondern illustrieren Sie das, worum es Ihnen geht, mit Hilfe von Geschichten. Das sogenannte »Storytelling« ist eine der besten Methoden, andere mit sprachlichen Mitteln für sich zu gewinnen.

Lassen Sie uns, bevor ich Ihnen noch mehr solcher Tricks verrate, aber noch rasch einen Blick auf Ihre sprachlichen Muster werfen.

Übung 17

Was sind Ihre Lieblingswörter? Welche Worte führen Sie jeden Tag immer wieder im Munde?

Es ist zugegebenermaßen schwer, das ganz allein herauszufinden. Bitten Sie darum Ihre Familie, Ihre Freunde und Kollegen, die Sie mögen, einmal ein Augenmerk darauf zu haben. Notieren Sie sich Ihre Top Ten. Schauen Sie dann, ob die Worte mehrheitlich positiver oder negativer Natur sind. Sollte Letzteres der Fall sein, versuchen Sie, mehr positive Worte in Ihren Redefluss einzubauen – Sie werden damit nach und nach auch eine positivere Haltung zur Welt entwickeln und auf andere sympathischer und überzeugender wirken.

Übung 18

Sie haben ein wichtiges Meeting oder Telefonat vor sich, bei dem Sie wahrscheinlich den höchsten Redeanteil haben werden? Schneiden Sie dieses mit einem Smartphone oder einem Diktiergerät 30 bis 45 Minuten lang mit. Wie zuvor schon Ihr Video können Sie nun auch diese Aufnahme genau analysieren: Wie haben Sie sich in den einzelnen Momenten gefühlt? Wie wirken sich Freude, Angst oder Unsicherheit auf Ihr Sprachverhalten aus? Agieren Sie mit negativ oder positiv formulierten Sätzen? Senken Sie am Ende einer Feststellung die Stimme, oder heben Sie sie? Hängen Sie nach Ihren Sätzen ein »ne« oder »oder« an? Neigen Sie zu Verallgemeinerungen wie »Man sollte« und sprechen Sie in der Wir-Form, wo es angebracht wäre, in der »Ich-Form« zu sprechen? Finden sich in Ihren Statements viele »eigentlich«? All das entkräftet Ihre Äußerungen (und ist eine Einladung für Arschlöcher, Sie zu unterbrechen oder auf andere Art kleinzumachen). Versuchen Sie mal, das Wort »eigentlich« durch »wirklich« zu ersetzen. Sie werden staunen, was das ausmacht.

Werten Sie Ihre Erkenntnisse aus und schreiben Sie auf, was Sie in Zukunft anders machen wollen:

_____

_____

_____

_____

_____

_____

_____

_____

> **Übung 19**
>
> Lassen Sie uns noch einmal einen genaueren Blick auf Ihre Sprache werfen. Bitte denken Sie doch jetzt mal an Ihren letzten Urlaub zurück (oder, falls der schon wieder ewig her ist, an ein besonders schönes Wochenende, das Sie in letzter Zeit verbracht haben). Was war Ihr schönstes Erlebnis, welche Erinnerung hüten Sie wie einen Schatz? Nehmen Sie nun noch einmal Ihr Smartphone oder Diktiergerät zur Hand und schildern Sie das Erlebnis. Dann hören Sie sich die Aufnahme an und notieren sich die Adjektive und Verben, die Sie benutzt haben. Auf diese Weise kommen Sie Ihrem bevorzugten Sinneskanal auf die Spur.

Enthält Ihre Schilderung vor allem Wörter aus dem Bereich des Sehens, sind Sie ein *visuell* geprägter Mensch. Dem visuellen Bereich sind übrigens auch Beschreibungen von Formen sowie Farb- und Größenangaben zugeordnet.

Verwenden Sie hingegen viele Wörter, die akustische Eindrücke schildern, bevorzugen Sie den *auditiven* Sinneskanal.

Spüren Sie die Welt um sich herum gern unmittelbar körperlich? Dann sind Sie ein *kinästhetisch* geprägter Mensch, und diese Vorliebe wird sich auch in Ihrer Sprache niederschlagen. Sie verwenden dann zahlreiche Verben und Adjektive, die mit Spür-Eindrücken und Gefühlen zu tun haben.

Wenn für Sie bei der Ankunft am Meer der Geruch nach Salz und Algen das Allerwichtigste ist, bevorzugen Sie den *olfaktorischen* Sinneskanal. Ihre Wortwahl orientiert sich folgerichtig am Bereich des Geruchssinns.

Und wenn Sie ein primär *gustatorisch*, also geschmacklich veranlagter Mensch sind, werden Sie bei der Schilderung Ihres Erlebnisses Geschmacks-Wörter bevorzugen.

Es versteht sich von selbst, dass Sie nun auch aus der Wortwahl Ihrer Gesprächspartner Ihre Rückschlüsse ziehen können. Nutzen Sie Ihre Erkenntnisse, um Menschen, die Ihnen wichtig sind, gewissermaßen »auf dem richtigen Kanal« anzusprechen. Sie werden feststellen, dass dies ungemein dazu beiträgt, Nähe zu schaffen.

Typische Worte und Redewendungen

visuell	auditiv	kinästhetisch	olfaktorisch	gustatorisch
gucken, glotzen, übersehen, anschauen, gerade, krumm, düster, grell ...	lauschen, hören, reden, verstehen, überhören, laut/leise, dumpf, schrill ...	spüren, fühlen, erleben, tasten, begreifen, kratzig, weich, hart, spitz ...	schnuppern, stinken, duftend, stickig ...	schal, salzig, süß, bitter, scharf, kosten, probieren, essen, trinken
»Wie ich das sehe,...«; »nach dem ersten Augenschein«; »Lichtstreif am Horizont« ...	»Mir sind schier die Ohren geplatzt«; »in den Ohren liegen«; »ganz Ohr sein«; »ein Ohr haben für ...«; »taub sein für ...« ...	»hautnah erleben«; »unter die Haut gehen«, »Was juckt mich das?«; »Bauchgefühl«; »vor den Kopf stoßen« ...	»Morgenluft wittern«; »Das stinkt zum Himmel«; »Mir hat's gestunken«; »Die war vielleicht stinkig«; »stinksauer« ...	»Das hat ihm gar nicht geschmeckt«; »Das ist mir bitter aufgestoßen«; »die Suppe versalzen«; »das süße Leben«

M – Machen Sie die ersten Schritte

Haben Sie Lust, Ihr neues Wissen in Sachen erster Auftritt, Körpersprache und Menschenkenntnis praktisch auszuprobieren? Dann nichts wie los! Auf den folgenden Seiten bekommen Sie von mir Tipps für einen optimalen Auftritt in bestimmten Lebenssituationen, die die meisten von uns immer mal wieder zu bestreiten haben:

- das erste Date
- das Vorstellungsgespräch
- das Geschäftsmeeting.

Für alle drei Anlässe gelten naturgemäß unterschiedliche Regeln, was den sympathischen, selbstbewusst-authentischen Auftritt betrifft. Aber allen dreien ist gemeinsam, dass man sich einiges vermasseln kann, wenn man die Sache ungeschickt anstellt – etwas, das Ihnen in Zukunft nicht mehr passieren wird.

Zunächst einmal lohnt es sich, sich schon vor Eintreten der jeweiligen Situation ein paar Gedanken zu machen – etwa zu Themen, die man ansprechen könnte oder der am besten geeigneten Kleidung. Diese Vorbereitung gibt Ihnen eine Sicherheit und Erdung, die sich dann auch in Ihrer Körpersprache niederschlagen wird.

Das bezaubernde erste Date

Sie sind – online oder persönlich – einem Menschen über den Weg gelaufen, den Sie gerne näher kennenlernen würden, und Sie haben die erste Verabredung mit ihm/ihr vor sich. Wie stellen Sie die Weichen für eine Begegnung, aus der mehr werden kann?

Der erste wichtige Punkt ist die *Location*. Sie haben sich Ihren allerersten Eindruck vom anderen ja bereits gemacht – insofern haben Sie wahrscheinlich auch erste Ideen, wo er/sie sich wohlfühlen könnte und wo eher nicht. Greifen Sie auf Informationen zurück, die Sie im ersten Gespräch bekommen haben. Falls Sie sich für ein Café oder Restaurant entscheiden: Reservieren Sie rechtzeitig einen Tisch und bitten Sie darum, dass man Sie am Fenster, am Rand oder in einer Nische platziert. So haben Sie Ruhe zum Gespräch. Vermeiden Sie Lokale, wo man Sie gut kennt: Dort ist es wahrscheinlich, dass Ihr erstes Date immer wieder gestört wird, weil andere Sie begrüßen wollen. Wenig ratsam ist es auch, ein allzu ausgefallenes Spezialitäten-Restaurant zu wählen. Klären Sie im Zweifelsfall lieber vorher, ob der andere beispielsweise Sushi mag ...

Neben Café, Restaurants oder Bars ist übrigens auch ein gemeinsamer Spaziergang nach wie vor ein klassischer Rahmen für das erste Date. Ungewöhnlicher, aber gerade darum auch unvergesslicher sind gemeinsame Aktivitäten wie etwa der Besuch eines Freizeitparks, eines Comedy-Clubs, ein Ausflug an einen Ort oder zu einer Sehenswürdigkeit in der Nähe oder ein Picknick im Grünen. Ein Zoobesuch kann sehr entspannt und nostalgisch sein, und wenn Sie wissen, dass der/die andere Sinn für Humor hat und sportlich ist, können Sie durchaus auch mit ihm/ihr auf die Eisbahn gehen ...

Kino, Theater, die Oper oder auch die Disco sind entgegen weit verbreiteter Meinung als Orte für das erste Date hingegen nicht so geeignet – schlicht deshalb, weil Sie dort kaum zum Reden kommen. Und auch das Sternerestaurant sollten Sie sein lassen: Ihr Gegenüber wird sich sonst möglicherweise fragen, ob Ihre Erwartungen an die erste längere Begegnung nicht doch zu hochgesteckt sind.

Lassen Sie uns als Nächstes zur *Optik* kommen. Ihre Kleidung sollte zu dem Ort passen, an dem Sie sich treffen. Sie sollten sich in den Sachen wohlfühlen – also lieber nichts Nagelneues anziehen. Achten Sie stattdessen darauf, dass alles sauber und gut gepflegt ist – meine Herren: Das gilt auch für Ihre Unterwäsche. Verkleiden Sie sich nicht, sondern wählen Sie Kleidung, die Ihre Persönlichkeit unterstreicht, und betonen Sie diejenigen Bereiche Ihres Körpers, die Sie mögen. Noch ein besonderes Wort an die Herren der Schöpfung: Kommen Sie zum ersten Treffen frisch geduscht, sorgfältig rasiert, mit sauberen Zähnen, deodoriert, mit dezentem Parfum, manikürten Händen und gepflegten Füßen.

Die Damen können weibliche Farben und Stoffe wählen, die den Körper umschmeicheln (in zarten Farben wie Nude, Rose, Mint oder aber in der Signalfarbe Rot, und in Stoffen wie Seide, Chiffon, Viskose ...). Lassen Sie der Phantasie Ihres Gegenübers noch Spielraum; seien Sie also nicht zu freizügig mit Ihren Reizen und betonen Sie nur einen Ihrer körperlichen Vorzüge (Brüste, Beine, Taille/Hüfte, Po ...). Bitte keine High Heels zum Spaziergang, aber durchaus gerne besonders schöne Dessous. Auch wenn Ihr Gegenüber sie nicht zu sehen bekommt, gibt Ihnen das ein schönes, sexy Körpergefühl. Das Parfüm sollte eher zart als schwer sein, und beim Make-up gilt: Weniger ist mehr. Der Lippenstift sollte ess- und trinkfest sein (dann ist er auch kussfest ...) und Ihre Hände und Füße ebenso wie die der Herren tipptopp gepflegt.

Nachdem Sie sich Gedanken darüber gemacht haben, was Sie anziehen, können Sie sich *gedanklich auf Ihr Gegenüber einstellen.* Was wissen Sie bereits über Ihren Dating-Partner? Kamen sein/ihr Beruf, die Hobbys, der Herkunftsort schon zur Sprache? Welche Themen könnten ihn/sie interessieren?

Notieren Sie sich hier alles, was Sie beim ersten Gespräch mit ihm/ihr erfahren haben. Das frischt Ihre Erinnerungen auf und gibt Anhaltspunkte, wonach Sie bei Ihrer Verabredung fragen könnten.

_____

_____

_____

_____

_____

Hilfreich, um Gesprächspausen zu überbrücken, ist es auch, in Bezug auf das Tagesgeschehen up to date zu sein. Welche spannenden Meldungen gab es jüngst in den Nachrichten? Welches Sportereignis sorgte in den letzten Tagen für Furore bzw. steht in den nächsten Tagen an? Was gibt es gerade an interessantem Tratsch und Klatsch? Notieren Sie sich vier bis fünf Meldungen, die Gesprächsstoff hergeben:

_____

_____

_____

_____

_____

_____

Es ist bewiesen, dass Menschen es lieben, über sich selbst zu reden. Damit Sie und Ihr Gegenüber sich gleichermaßen wohlfühlen, sollten Sie im Gespräch etwa denselben Redeanteil haben. Mit sogenannten offenen Fragen bringen Sie Ihr Gegenüber zum Sprechen.

Beispielsweise: »Was machst du gerne in deiner Freizeit?«, »Was magst du an deiner Arbeit besonders?«, »Welche Reisen hast du schon gemacht?«, »Welche Restaurants magst du?«. Notieren Sie sich zehn dieser offenen Fragen, die Sie dem anderen gern stellen würden.

_____

_____

_____

_____

_____

Im günstigsten Fall kommen Sie beide in ein angeregtes, zwangloses Gespräch und haben das Gefühl, auf einer Wellenlänge zu sein. Dennoch gibt es ein paar Themen, die Sie beim ersten Treffen vermeiden sollten: Dazu gehören Anekdoten und Lästereien über den Expartner oder verflossene Lieben ebenso wie Krankheiten, schlimme Lebenserfahrungen und Lebensplanungs-Themen wie beispielsweise die Gründung einer Familie.

Neben dem, was Sie sagen, haben Sie natürlich auch noch die *Körpersprache* zur Verfügung, um den anderen von sich zu überzeugen. Dass Sie selbstbewusst und sicher im Leben stehen, zeigen Sie dem anderen, indem Sie ihm aufrecht, lächelnd und dynamisch entgegengehen. Mit einem festen Händedruck oder, wenn die Situation es erlaubt, einer kurzen Umarmung stimmen Sie sich und den anderen auf einen herzlichen Abend ein. Indem Sie Dinge beiseiteschieben, die auf dem Tisch zwischen Ihnen stehen, machen Sie den Weg frei für ein angeregtes Gespräch.

Eine verkrampfte, gebückte Haltung bei der Begrüßung vermittelt eher den Eindruck von Unsicherheit. Wenn Sie die Beine überschlagen oder Ihre Knie eng aneinanderdrücken, ist dies ebenfalls ein Indiz für Schüchternheit und Berührungsängste. Das Sich-Festhalten am Trinkglas, der Serviette, der Handtasche zeigt an, dass Sie sich in der Situation nicht sicher fühlen.

Selbstbewusstsein

Aufmerksamkeit und Interesse am anderen zeigen Sie körpersprachlich, indem Sie sich zum anderen vor- oder hinüberbeugen, den Kopf schräglegen, den Mund leicht öffnen und große

Unsicherheit

Augen machen. Sie können Ihr Gegenüber auch spiegeln, das heißt, dieselbe Haltung einnehmen wie er oder sie.

Aufmerksamkeit und Interesse am anderen zeigen Sie körpersprachlich, indem Sie sich zur anderen Person hinüberbeugen, sich ihr annähern, Sie den Kopf schräglegen und mit offenem Mund und offenen Augen dem Gesagten lauschen, Sie die gleiche körperliche Haltung wie Ihr Gegenüber einnehmen.

Vermeiden sollten Sie hingegen die dissoziierte Haltung, Spielen mit Ihrem Telefon, Schreiben von SMS, eine verschlossene oder verkrampfte Körperhaltung, denn dann erhält der andere den Eindruck, dass Sie mit ihm/ihr nicht allzu viel anfangen können.

Nähe zum anderen stellen Sie her, indem Sie sich möglichst über Eck mit ihm setzen oder auf einem bequemen Sofa neben ihm Platz nehmen. Stellen Sie Zwischenfragen, wenn der andere etwas erzählt, lachen Sie über die Anekdoten, die er zu berichten hat, und berühren Sie den anderen ab und an, etwa am Arm. Achten Sie hier wieder darauf, dass Sie nicht zu viel räumliche Distanz herstellen, sich nicht körperlich vom anderen abwenden. Vermeiden Sie es, während der Unterhaltung andere Menschen zu mustern.

Nähe

Distanz

Zusammengefasst noch einmal die drei wichtigsten Regeln fürs erste Date:
Regel Nr. 1: Seien Sie aufmerksam.
Hören Sie Ihrem Gegenüber aufmerksam zu und fragen Sie nach, wenn Sie etwas nicht verstanden haben oder gern noch mehr darüber wüssten. Wiederholen Sie das Gesagte in eigenen Worten. Betonen Sie Gemeinsamkeiten. Studien haben erwiesen, dass wir vor allem diejenigen Menschen gern wiedertreffen möchten, die uns zum Lachen bringen, die uns mit Geschichten aus ihrem Leben unterhalten können und die sich glaubwürdig für uns und das, was wir zu sagen haben, interessieren.

Regel Nr. 2: Zeigen Sie Benehmen und Großzügigkeit.
Machen Sie Ihrem Gegenüber ernst gemeinte (!) Komplimente zur Restaurantwahl oder zu seinem/ihrem Aussehen. Lassen Sie den anderen ausreden. Sprechen Sie nicht mit vollem Mund. Meine Herren: Wir Frauen haben eine Schwäche für Männer mit Manieren. Halten Sie also Ihrer Dating-Partnerin die Tür auf. Lassen Sie ihr beim Bestellen den Vortritt, schenken Sie Wein nach und bezahlen Sie die Rechnung, am besten, während die Dame auf der Toilette ist. Großzügigkeit ist sexy!

Regel Nr.3: Seien Sie authentisch.
Versuchen Sie nicht, jemand anderer zu sein, als Sie tatsächlich sind. Wenn Sie auf der Suche nach einer offenen und ehrlichen Beziehung sind, bringt es Ihnen nichts, Ihren Job, Ihre Hobbys, Ihr Leben falsch zu präsentieren. So etwas kommt zwangsläufig ans Licht, und möglicherweise vergraulen Sie den anderen mit Ihren Unaufrichtigkeiten. Präsentieren Sie sich also nicht als Kunstliebhaber, wenn Sie einen van Gogh nicht von einem Picasso unterscheiden können. Vergessen Sie auch nicht, dass Ihr Körper immer die Wahrheit sagt. Wenn Sie sich größer machen,

als Sie sind, wird Ihre Körpersprache nicht im Einklang mit dem sein, was Sie sagen. Sie wirken unauthentisch, und Ihr Gegenüber wird sich fragen, was mit Ihnen nicht stimmt.

Das gewinnende Vorstellungsgespräch

Es dürfte wohl niemanden geben, der in seinem Leben nicht das eine oder andere Vorstellungsgespräch zu absolvieren hat. Situationen, in denen wir uns potenziellen neuen Arbeitgebern als der richtige Mann/die richtige Frau für den in Frage stehenden Job präsentieren, gehören zu den Meilensteinen des Arbeitslebens. Neben unserem Know-how ist der Eindruck, den wir machen, das entscheidende Kriterium dafür, ob wir das Rennen machen.

Beginnen wir wieder mit der *Location*. Bei einem Vorstellungsgespräch sind es in aller Regel nicht Sie, der den Ort bestimmt, sondern Ihr potenzieller neuer Arbeitgeber, und in der Mehrzahl der Fälle findet das Gespräch direkt im Unternehmen statt. Machen Sie sich im Vorfeld kundig. Wo liegt der Ort, und wie kommen Sie dorthin? Wie lange werden Sie brauchen, und welche Verzögerungen müssen Sie einkalkulieren? Wenn das Unternehmen nicht viele Kilometer von Ihrem derzeitigen Wohnort entfernt liegt, können Sie sich das Gebäude durchaus schon einmal vor dem offiziellen Termin ansehen. So finden Sie beispielsweise heraus, wie die Parkmöglichkeiten sind, ob es mehrere Eingänge gibt und welcher der für Sie richtige ist usw. Es gibt nichts Unangenehmeres, als abgehetzt und schlimmstenfalls zu spät zu einem so wichtigen Termin zu erscheinen.

Nun zu Ihrer *Optik*. Finden Sie heraus, welcher Dresscode in dem Unternehmen herrscht, bei dem Sie sich vorstellen. Was ist branchenüblich? Suchen Sie im Vorfeld im Internet nach ersten Anhaltspunkten. Möglicherweise ist die Cafeteria oder Kantine des Unternehmens für die Allgemeinheit geöffnet. Dann können Sie sich dort in aller Ruhe ansehen, wie die Angestellten gekleidet sind. Ganz nebenbei bekommen Sie so noch einiges darüber heraus, wie man miteinander umgeht. Im Idealfall haben Sie die Möglichkeit, mit jemandem ins Gespräch zu kommen, der bereits im Unternehmen arbeitet. Hören Sie sich mal um – es gibt immer jemanden, der jemanden kennt ...

Achten Sie auf saubere, gepflegte, dem Anlass entsprechende Kleidung (Anzug, Kostüm, Jackett, Bluse etc.). Liebe Damen, bitte nicht zu freizügig, das schadet Ihrer Seriosität (vgl. S. 147). Eventuell können Sie die Farbe Ihrer Kleidung mit den Farben abstimmen, die das Unternehmen zu seiner Selbstdarstellung einsetzt. Oder Sie schauen sich noch einmal den Abschnitt zur Wirkung von Farben auf Seite 148ff. an.

Fingernägel und Haare sollten sauber und gepflegt sein, ebenso die Schuhe. Für Frauen sind dezente Parfümierung und ein sparsames Make-up wichtig. Tragen Sie nicht zu viel Schmuck, der von Ihrer eigentlichen Botschaft ablenken könnte. Alkohol als Mutmacher vor dem Gespräch ist wenig empfehlenswert – oder würden Sie jemanden einstellen, der mit einer Fahne zum ersten Treffen erscheint? Bitte verkneifen Sie sich auch die Zigarette unmittelbar vor dem Gespräch und kauen Sie auf keinen Fall während des Gesprächs Kaugummi.

Die *Vorbereitung auf Ihren Gesprächspartner* beinhaltet hier natürlich auch Informationen über das Unternehmen. Sie zu bekommen ist im Internet-Zeitalter in aller Regel kein Problem mehr. Sehen Sie sich die Website des Unternehmens gut an – vielfach finden Sie dort auch die Unternehmenswerte. Schauen Sie, wie das Unternehmen für seine Produkte wirbt, wer seine Kunden sind und ob es ausländische Standorte bzw. Tochterunternehmen gibt.

Vergessen Sie auch Ihren Gesprächspartner nicht. Die meisten Fach- und Führungskräfte sind mittlerweile bei Xing oder LinkedIn vertreten. Dort haben Sie die Möglichkeit, sich im wahrsten Sinne des Wortes schon einmal ein Bild von Ihrem Gegenüber zu machen. Welche Qualifikation hat er oder sie, was hat er vorher gemacht, wie lange ist sie schon im Unternehmen? Wenn Sie diese Informationen im Gespräch geschickt einsetzen, können Sie punkten und Sympathie gewinnen. Generell gilt: Je mehr Sie über das Unternehmen, Ihren Gesprächspartner und die vakante Position wissen, umso mehr können Sie verblüffen und sich positiv empfehlen. Letztlich unterscheidet sich ein Vorstellungsgespräch gar nicht so sehr von einem ersten Date. Ihr Gesprächspartner möchte das Gefühl haben, dass Sie sich für das Unternehmen interessieren und sich für dessen Belange engagieren wollen. Und auch Sie selbst möchten das Gefühl haben, dass das Unternehmen ein Interesse an Ihnen und Ihren Fähigkeiten hat.

Formulieren Sie nun vor dem Hintergrund dessen, was Sie recherchiert haben, 20 offene Fragen vor, die Sie wirklich interessieren und die Sie bei Bedarf an der richtigen Stelle stellen können.

_____

_____

_____

_____

_____

_____

Bereiten Sie sich Ihrerseits auf die Fragen vor, die man Ihnen höchstwahrscheinlich stellen wird. Bitte nicht erschrecken: Personaler haben ein Gespür für Unstimmigkeiten im Lebenslauf. Insbesondere wenn Sie häufig die Firma gewechselt haben oder es Zwischenzeiten gibt, in denen Sie keiner Beschäftigung nachgegangen sind, sollten Sie sich auf Nachfragen wie die folgenden einstellen, um ruhig, authentisch und selbstbewusst für sich einstehen zu können:

- Sie waren aber nicht lange beim Unternehmen X. Was ist der Grund dafür?
- Können Sie überhaupt langfristig in einem Unternehmen arbeiten?
- Was würden uns Ihre letzten Vorgesetzen über Sie erzählen?

Sehen Sie sich Ihren Lebenslauf genau an. Welche Nachfragen könnte er provozieren? Wie wollen Sie darauf plausibel und möglichst ehrlich antworten?

_____

_____

_____

_____

_____

_____

Neben den kritischen Nachfragen gibt es noch eine Reihe von Standardfragen, die man Ihnen mit Sicherheit stellen wird. Hier sollten Sie wissen, was Sie antworten, ohne zu zögern:

- Was sind Ihre größten Stärken und Schwächen?
- Warum haben Sie sich für unser Unternehmen entschieden?

- Warum glauben Sie, dass Sie der/die Richtige für den ausgeschriebenen Job sind? Warum sollten wir uns für Sie entscheiden?
- Was war bislang Ihr größter Erfolg/Misserfolg?
- Was möchten Sie verdienen? (Das ist übrigens die Frage, bei der viele Menschen dann doch ins Stottern geraten. Bitte machen Sie sich bewusst, was Sie wert sind und warum es legitim ist, für Ihre individuelle Arbeitsleistung Betrag X zu fordern.)
- Beschreiben Sie bitte in zehn Minuten Ihren Werdegang.
- Warum haben Sie sich für Ausbildung/Studienfach XY entschieden?
- Wie gehen Sie mit Krisen um?
- Welche Bedeutung hat Arbeit für Sie? Welche Bedeutung Freizeit?
- Was ist der Grund dafür, dass Sie einen neuen Arbeitsplatz suchen?
- Was möchten Sie in Ihrem Berufsleben noch alles erreichen? Wo sehen Sie sich in 5/10/20 Jahren?

Zu Beginn des Gesprächs wird es ein paar Minuten Small Talk geben, um die Atmosphäre aufzulockern und sich kurz zu beschnuppern. Auf den Seiten 104ff. finden Sie mehr zu diesem Thema. Auch wenn Sie kein Gesellschaftslöwe sind: Bitte versuchen Sie nicht, diese Gesprächsphase abzukürzen. Antworten Sie flüssig und entspannt auf die Frage nach Ihrer Anreise oder auf Kommentare Ihres Gegenübers zum Gebäude, in dem Sie sich befinden. Äußern Sie Ihre Freude, zum Gespräch eingeladen worden zu sein, sagen Sie, was Sie gern trinken würden (hier bitte keine Extravaganzen) und seien Sie auf dem Laufenden, was tagesaktuelle Themen betrifft.

Noch ein paar Tipps am Rande: Bringen Sie hochwertiges Schreibgerät und -papier mit – das zeigt gleichermaßen Ihren Standard und Ihr Interesse. Halten Sie eine zweite Ausfertigung Ihrer Unterlagen für Ihren Gesprächspartner bereit. Schalten Sie Ihr Mobiltelefon ab. Es ist nicht sehr höflich, wenn das Gespräch permanent durch Läuten oder Brummen gestört wird. Gehen Sie vorher noch einmal zur Toilette, damit Sie nicht durch eine volle Blase abgelenkt sind; außerdem können Sie so noch einmal rasch Ihr Äußeres checken. Falls Sie vor dem Gespräch kurz warten müssen, tigern Sie nicht herum – das wirkt nervös –, sondern setzen Sie sich. Lassen Sie sich vor dem eigentlichen Gespräch Ihren Sitzplatz von Ihrem Gesprächspartner zuweisen und lassen Sie ihm/ihr im Gespräch die Führung.

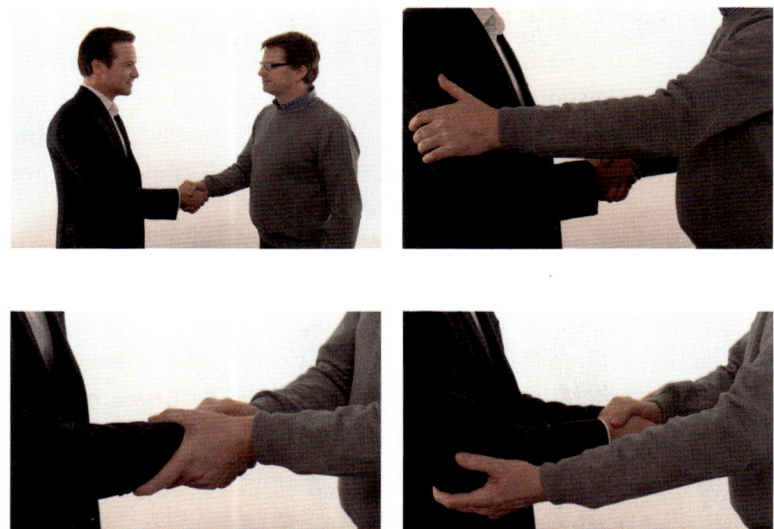

Ihr Händedruck sollte einen gewissen Druck haben, die Handinnenfläche des Gegenübers berühren, oder herzlich, entgegenkommend sein, bitte vermeiden Sie den Knochenbrecher Händedruck, oder Dominanz Gesten.

M – Machen Sie die ersten Schritte 175

Um Ihren souveränen Auftritt zu komplettieren, schauen wir uns jetzt noch die *Körpersprache* an. Was sollten Sie tun und was lassen?

Ihr Händedruck sollte fest sein, aber bitte kein »Knochenbrecher«. Ihre Handinnenfläche sollte die des anderen berühren.

Ihr Lächeln sollte echt sein und nicht vorgetäuscht. Lassen Sie Ihre Augen mitlachen:

Der richtige Abstand zu Ihrem Gesprächspartner liegt zwischen ein bis anderthalb Armlängen; von der Seite können Sie dem anderen auch etwas näher kommen, ohne dass dies als dominant oder aufdringlich empfunden wird.

Aufmerksamkeit und Offenheit signalisieren Sie durch eine offene Körpersprache. Vermeiden Sie also verschränkte Arme und Beine und eine zusammengekauerte Haltung.

Aufmerksamkeit

Treten Sie selbstbewusst auf, ohne arrogant zu wirken. Bauen Sie Körperspannung auf, schauen Sie dem anderen gerade in die Augen. Stehen Sie sicher, das heißt hüftbreit, und lächeln Sie wohlwollend. Respektieren Sie die Intimzone Ihres Gegenübers und halten Sie Ihre Hände mit geöffneten Handflächen immer über dem Tisch.

Selbstbewusstsein

M – Machen Sie die ersten Schritte 177

Arroganz

Wenn Sie gebückt und/oder schlurfend gehen, den anderen von unten anschauen, Ihre Hände verstecken oder an Ihren Fingern herumknibbeln, wirken Sie unsicher und gehemmt.

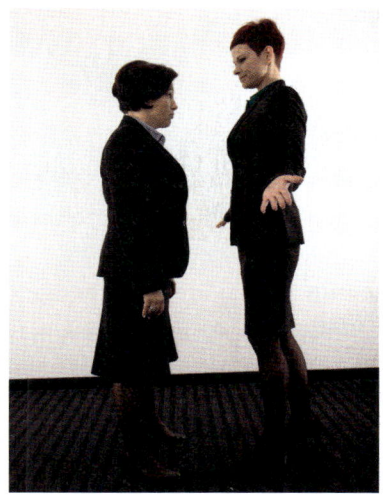

Unsicherheit

Zusammengefasst noch einmal die drei Top-Erfolgsregeln für Vorstellungsgespräche:

Regel Nr. 1: Die akribische Vorbereitung.
Nehmen Sie sich dafür in jedem Fall genügend Zeit! Die gründliche Auseinandersetzung mit dem Unternehmen, Ihrem Lebenslauf und möglichen Fragen im Vorfeld ist die halbe Miete.

Regel Nr. 2: Der stimmige und überzeugende erste Eindruck.
Wenn Kleidung, Duft, Gepflegtheit und der Zustand Ihrer Unterlagen stimmen und der Gesprächseinstieg mit Small Talk geglückt ist, haben Sie eine großartige Basis für ein erfolgreiches Gespräch geschaffen.

Regel Nr. 3: Die nonverbalen Botschaften.
Souveränität, Selbstbewusstsein, Höflichkeit und Interesse am anderen sind die nonverbalen Erfolgsquotienten auf dem Weg zu Ihrem Traumjob. Das Know-how dazu haben Sie auf den letzten Seiten bekommen. Insofern kann jetzt eigentlich nichts mehr schiefgehen ...

Das erfolgreiche Geschäftsmeeting

Wahrscheinlich ist mittlerweile klargeworden, dass – ganz gleich, ob der Anlass privat oder beruflich ist – eine gute Vorbereitung die Erfolgsstrategie Nummer eins ist.

Das gilt auch für Geschäftsmeetings. In meinem vorherigen Job spielten sie eine ebenso große Rolle wie bei meiner jetzigen Tätigkeit als Coach und Trainerin. Wenn ich aus allen Meetings meines bisherigen Lebens ein Fazit ziehen müsste, so wäre es, dass ich mir rund 50 Prozent der dafür aufgewendeten Zeit durch ein gutes Briefing bzw. die richtige Vorgehensweise gespart hätte.

Zeit ist inzwischen für jeden von uns die wichtigste Ressource im Leben, und gerade die Qualität geschäftlicher Meetings bemisst sich nicht nach ihrer Länge. Im Gegenteil: Je besser Sie organisiert sind, desto wertschätzender können Sie mit den Zeitressourcen Ihrer Kollegen bzw. Kunden umgehen ... und mit Ihren eigenen!

Darum ist bei Geschäftsmeetings die *Planungsphase* das Wichtigste. Sie sollte schon vor der Einladung zum Meeting erfolgen, die dann umso klarer und stimmiger erfolgen kann.

Überlegen Sie: Was ist der Anlass des Meetings, was das Thema? Ist der Anlass einmalig und aktuell (z. B. eine akute Krise), oder geht es um einen wiederkehrenden Anlass (z. B. die Planung eines Messeauftritts)? Was ist das Ziel des Meetings? Was soll auf der sozialen, qualitativen und quantitativen Ebene dabei herauskommen? Wer soll teilnehmen und warum? Wer soll das Meeting leiten?

Nachdem Sie diese grundlegenden Fragen beantwortet haben, können Sie sich Gedanken über die konkrete Agenda und den Zeitrahmen machen: Welche Punkte sollen beim Meeting in welcher Zeit abgehandelt werden? Wie sollen die Aufgaben verteilt werden? Wer macht was und bis wann?

Zu guter Letzt überlegen Sie sich einen Termin und Ort. Soll das Meeting im Unternehmen oder außerhalb stattfinden? Muss ein Hotel gebucht werden? Wie sollen die Räumlichkeiten und die Atmosphäre beschaffen sein?

Erst wenn diese Punkte geklärt sind, folgen die Einladung und das Briefing der anderen Teilnehmer.

Für mich ist bei der Planung meiner Trainings der sogenannte *Wohlfühlquotient* ein wichtiger Faktor. Ich möchte, dass meine Kunden gut, ohne Stress, ohne Parkplatzsuche an einem zentralen Ort ankommen. Bei den Räumlichkeiten achte ich auf Sauberkeit, eine hochwertige Einrichtung und eine Atmosphäre, die Vertrauen schafft. (Und ich checke die Toiletten!) Ich achte darauf, dass die Räume nicht zu groß sind; schließlich sollen meine Kunden sich nicht verloren vorkommen. Wenn kurzfristig Teilnehmer absagen, stelle ich Tische um oder bitte darum, dass man die Räume beispielsweise durch Stellwände verkleinert. Um das erste Kennenlernen zu erleichtern, gibt es vor Beginn meiner Trainings eine Auswahl an Kaffee, Tees und Leckereien. Wenn ich mit der Gruppe ein Restaurant besuche, eruiere ich im Vorfeld besondere Wünsche oder Herausforderungen, damit der reibungslose Ablauf der gemeinsamen Mittagspause nicht gestört wird. Das alles tue ich, weil ich weiß, dass ich mit meinen Kunden nur dann erfolgreich arbeiten kann, wenn sie sich wohlfühlen.

Wie wichtig dieser Faktor ist, zeigt ein Experiment, das der schwedische Experte für nonverbale Kommunikation Henrik Fexeus angestellt hat: Ein Fernsehsender lud 20 Zuschauer ein, den Sender zu besichtigen und ein neues Sendeformat inklusive Moderator zu beurteilen. Zehn der Zuschauer wurden zur Begrüßung in einen schön gestalteten, warmen, nach Blumen duftenden Raum mit schmeichelnder Musikuntermalung, Kerzen und exquisitem Catering geführt. Die anderen Zuschauer wurden in einen kalten, ungepflegten Raum gebracht, mit kaputten und abgenutzten Möbeln, schneller Musik und unappetitlichen, angetrockneten Häppchen. Die erste Gruppe wurde von der ersten bis zur letzten Minute von einer liebenswerten, charmanten Person begleitet, die für alle Fragen zur Verfügung stand; die anderen wurden sich selbst überlassen. Mit diesen Eindrücken sollten die Leute nun ihre Bewertung vornehmen. Die Gruppe, die man sehr wertschätzend behandelt hatte, bewertete das Showkonzept sowie den Moderator durchweg positiv. Die andere

Gruppe, die nicht so gut behandelt worden war, ließ an Konzept und Moderator kein gutes Haar ... nicht wirklich verwunderlich, oder? Überlassen Sie also im Bereich des Wohlfühlquotienten nichts dem Zufall.

Überlegen Sie: Wie können Sie auf den Wohlfühlquotienten Ihres Kunden einwirken? Was mag er oder sie? Gibt es besondere Hobbys, Aktivitäten, Vorlieben, von denen Sie wissen?

_____

_____

_____

_____

_____

In diesem Zusammenhang möchte ich Ihnen gerne eine meiner Geheimwaffen verraten: Das Verhaltens- und Persönlichkeitsprofil ist ein spannendes Analysewerkzeug. Ich vermerke darin alle Informationen, die ich aus den verbalen und nonverbalen Aussagen meiner Gesprächspartner beziehen kann. Das hilft mir, den anderen besser zu verstehen, seine Abneigungen und Vorlieben kennenzulernen und zu wissen, wann der betreffende Mensch von seinem »Normalzustand« abweicht, beispielsweise weil er sich unwohl fühlt.

Kundenprofil-Verhaltenscheckliste: Normalzustand
Name:
Firma:
Funktion:
Hobbys:
Besuchsdatum:

Sie sehen: Ich habe ein aufmerksames Auge auf meine Gesprächspartner. Ich achte ...

1. *auf ihr Lachen:*
Wie und wann lacht die Person? Welche Muskelbewegungen, Laute und körperlichen Reaktionen sind sicht-/hörbar?

2. *auf die Stimme:*
Wie klingt sie? In welcher Tonlage spricht der Mensch normalerweise? Welche Veränderungen sind in unterschiedlichen Situationen sichtbar? Gibt es Auffälligkeiten wie Lispeln oder Stottern, geht die Stimme des anderen plötzlich deutlich nach oben oder unten, wird sie quietschig oder brüchig? Wie ist das Sprachtempo? Durch welche Faktoren wird es beeinflusst?

3. *auf die Körperspannung/Haltung:*
Welche Haltung nimmt der Mensch ein? Wie ist seine/ihre Körperspannung? Was sind typische Verhaltensweisen im entspannten und angespannten Zustand?

4. *auf die Körpersprache:*
Welche typischen Gesten mit Händen und Füßen gibt es? Zeigt der andere viel oder wenig Körpersprache? Wirkt er/sie offen oder verschlossen, beweglich oder eher zurückhaltend?

5. *auf die Mimik:*
Wie ist die Mimik der Person, findet im Gesicht viel oder wenig Bewegung statt? Gibt es Mimik-Falten, die auf bestimmte Verhaltensweisen hindeuten (beispielsweise Lachfältchen rund um die Augen)? Gibt es Asymmetrien dadurch, dass die eine Hälfte des Gesichts etwas anderes macht als die andere? Ticks?

6. *auf die Sprache:*
Wie verwendet mein Gegenüber die Sprache? Kreativ, konservativ, kurz und prägnant, detailreich, ausschmückend, optimistisch, realistisch, pessimistisch? Verwendet er/sie Anglizismen, Fäkalsprache? Gibt es Lieblingsworte? Verwendet er/sie Konjunktive, abschwächende, starke, klare, erklärende, Macht und Wissen demonstrierende Worte? Spricht er/sie über sich selbst abschätzig? Formuliert er/sie vorsichtig und fragend?

7. *auf alles, was mir sonst noch auffällt:*
Schon im ersten Kontakt lässt sich oft einiges »zwischen den Zeilen« erfahren – beispielsweise, welche Einstellung mein Gegenüber zu Autoritäten hat, ob er/sie eher eine Führungspersönlichkeit oder ein Teamplayer ist, ob es Krisen gab, die zu bewältigen waren, wie seine/ihre familiäre Situation beschaffen ist.

All das, was ich hier in Erfahrung bringe, hilft mir, meinen Kunden bestmöglich gerecht zu werden und eine Arbeitsatmosphäre zu schaffen, in der wir beide unsere Ziele erreichen. Womit wir beim dritten wichtigen Aspekt geschäftlicher Meetings sind: der *Zieldefinierungsphase.* Was erwartet mein Kunde, was erwarte ich von unserem Meeting? Das sollte ganz klar festgehalten werden. Sie werden später in diesem Buch, wo es um Ihre eigenen Ziele geht, ein Werkzeug kennenlernen, das dabei sehr hilfreich sein kann: die BC/RC/WC-Strategie (vgl. S. 212). Mit ihrer Hilfe definieren Sie, was Sie und der andere sich im besten Fall, im realistischen Fall und im schlimmsten Fall von dem Meeting erwartet. Grundsätzlich geht es um die Frage, wie man die Situation so gestaltet, dass beide etwas davon haben, also die inzwischen schon fast sprichwörtlich gewordene Win-Win-Situation schafft. Wo dies gelingt, ist die optimale Basis dafür geschaffen, dass Sie beide erfolgreich sind – und auch in Zukunft gerne wieder miteinander arbeiten werden.

Sie haben Ihr Meeting sorgsam vorbereitet, den Wohlfühlquotienten bedacht und sich Gedanken über die Ziele Ihrer Kunden/Kollegen und Ihre eigenen Ziele gemacht. Die Einladungen sind erfolgt, der Termin ist gesetzt und steht nun unmittelbar bevor. Was müssen Sie jetzt noch beachten?

Kommen Sie früh genug an den Ort des Treffens, um den Wohlfühlquotienten zu überprüfen und mögliche Störungen auszuschalten. Getränke und Knabbereien sollten sich bereits im Zimmer befinden, Telefone sollten abgeschaltet bzw. umgestellt sein. Jede Unterbrechung sorgt dafür, dass der Kontakt zum Gegenüber kurzzeitig verlorengeht. Treffen Sie sich bei Ihrem Kunden, so achten Sie auf Pünktlichkeit und eine optimistische, zuversichtliche Grundhaltung.

Im Gespräch selbst sollten Sie auf einen guten »Rapport« zum anderen achten. Damit ist gemeint, dass Sie stets in Kontakt mit ihm/ihr bleiben und darauf achten, dass die Atmosphäre des Gesprächs vertrauensvoll und von wechselseitiger empathischer Aufmerksamkeit getragen ist. Das gilt vor allem dann, wenn Sie den Eindruck gewinnen, dass der andere sich in seiner Haut nicht recht wohlfühlt, dass ihm/ihr unbehaglich ist.

Rapport schaffen Sie, indem Sie …

- Augenkontakt halten
- gemeinsam lachen
- Körpersprache, Mimik und Sprechweise des Gegenübers spiegeln. Das heißt: Sie machen ähnliche Bewegungen wie Ihr Gegenüber.
- Aggression, Streit oder Diskussionen vermeiden
- Verständnis zeigen.

Achten Sie bei der Sitzposition darauf, dass Sie und Ihr Gegenüber über Eck sitzen, dass Sie sich während Ihres Gesprächs durch eine Präsentation auf Ihrem Smartphone oder Laptop annähern können, dass Sie einander gut sehen, ohne von der Sonne geblendet oder von Gegenständen in Ihrer Sicht behindert zu sein. Tür(en) und Fenster sollten sich für Sie beide innerhalb des Sichtfeldes befinden. Hat der andere eine Tür im Rücken, kann sich bei ihm Unsicherheit breitmachen. Große körperliche Distanz lässt auch emotionale Distanz entstehen; dasselbe gilt für unterschiedlich eingestellte Stuhlhöhen.

Beim Spiegeln sollten Sie darauf achten, dass Ihre Bewegungen fließend und nicht abrupt sind. Ihr Verhalten sollte nicht aufgesetzt und künstlich wirken. Machen Sie nur solche Bewegungen des anderen nach, die auch Teil Ihres eigenen Bewegungsrepertoires sind.

Die Basis für Vertrauen schaffen Sie, indem Sie dem anderen wohlwollend zuhören, ihn ausreden lassen und ihm nicht zu nah auf die Pelle rücken.

Und Sie präsentieren sich dem anderen als offener Mensch, indem Sie eine offene, gespannte, Raum einnehmende Körperhaltung einnehmen.

Sie sind nun optimal auf Ihr wichtiges Meeting vorbereitet. Und ganz grundsätzlich haben Sie in diesem Abschnitt erfahren, wie Sie Ihren neuen, authentischen und selbstbewussten Auftritt in wichtigen Situationen konkret in die Tat umsetzen. Der hohen Kunst der Selbstdarstellung sind Sie damit wieder einen großen Schritt nähergekommen. Damit Sie sich bei und mit sich selbst noch sicherer und geerdeter fühlen, werden wir uns im nächsten Abschnitt ausführlich damit befassen, wie Sie Ihren Zielen im Leben näherkommen.

E – Erfinden Sie sich immer wieder neu

In den Abschnitten F-O-R-M haben Sie nachlesen können, wie Sie Ihren Auftritt individueller, selbstsicherer, klarer und überzeugender gestalten. Mit Hilfe der Übungen konnten Sie herausfinden, wer Sie sind, was Sie ausmacht, wie Sie Ihr ganz persönliches Charisma entfalten und die Weichen für einen optimalen ersten

Eindruck stellen können. Sie wissen nun auch, worauf es in bestimmten Schlüsselsituationen des Lebens ankommt und wie Sie sie optimal vorbereiten. Mit alledem sind Sie bestens gerüstet für den nächsten Schritt in Sachen einer unerschütterlichen Selbstdarstellung: der Arbeit an der Umsetzung Ihrer Lebensziele.

Vielleicht fragen Sie sich jetzt, was die Lebensziele mit der Selbstdarstellung zu tun haben. Es ist eine ganze Menge. Der Ausgangspunkt dieses Buches war ja, dass Sie sich genauso wenig wie ich noch länger kleinmachen lassen wollen von den Arschlöchern, denen wir in diesem Leben immer wieder begegnen. Wir haben uns zunächst die typischen Strategien der Arschlöcher, die möglichen Ursachen ihres Verhaltens und das angeschaut, was man sich von ihnen abschauen kann, ohne freilich selbst zum Arschloch zu werden. Letzteres geht nur, wenn man authentisch ist, also nicht versucht, jemand anderer zu sein, als man ist. Das wiederum setzt voraus, dass man weiß, wer man ist. Und dazu gehört, dass man seine Ziele kennt.

Sie werden wissen, was Sie sich vom Leben wünschen und erhoffen. Aber wissen Sie auch, wie Sie sie erreichen, oder sind Ihre Sehnsüchte eher an einem so fernen Horizont angesiedelt, dass sie Ihnen mitunter fast schon wie eine Fata Morgana erscheinen?

Falls es so sein sollte, können Sie in diesem Abschnitt nachlesen, wie Sie daran etwas ändern und Ihren Zielen sehr viel näherkommen. Das geht am besten in sieben Schritten:

1. Schritt: Akzeptieren, was war, und bereit sein zur Veränderung

Zurückliegende Erfahrungen können Sie nicht mehr verändern. Sie sind Teil Ihrer persönlichen Vergangenheit, Ihrer Geschichte – und Teil Ihres Lebens- und Weltwissens. Fehler sind gemacht, Entscheidungen gefällt, wichtige Jahre gelebt worden. »Hätte ich doch damals bloß …, dann könnte ich heute …« und ähnliche Gedanken bringen Sie nicht weiter. Sie verfestigen lediglich die Vorstellung, dass Sie in der Vergangenheit falsch gehandelt haben und darum in der Gegenwart nicht glücklich sein können. Mit derartigen Grübeleien verschenken Sie kostbare innere Energie an Vergangenes. Akzeptieren Sie die gemachten Erfahrungen und haken Sie sie ab. Dann werden Sie frei, um mit neugierigen Augen auf das schauen zu können, was noch vor Ihnen liegt. Sie werden außerdem offen für Veränderungen.

Die meisten von uns lieben das Vertraute. Menschen, die wir gut kennen; eine Arbeit, deren Ablauf wir im Schlaf beherrschen; eine Umgebung, in der wir uns fast blind zurechtfinden, geben uns Sicherheit. Wir befinden uns in unserer Komfortzone. Leider ist diese Sicherheit trügerisch, denn sie engt unseren Blick ein. Routine und Gewohnheit lassen unseren Geist und unser Gehirn gewissermaßen »einfrieren« und machen uns unflexibel. Es mangelt uns schlicht an Herausforderungen.

Zu Beginn unseres Lebens war das anders. Da war alles neu, aufregend und oft genug auch schwierig. Stellen Sie sich mal vor, Sie hätten nach dem ersten gescheiterten Versuch, aufrecht zu laufen, die Flinte ins Korn geworfen … Als Kind und Jugendlicher ist man einer Vielzahl von Veränderungen ausgesetzt. In der Schule, der Ausbildung, während des Studiums macht man ständig neue Erfahrungen. Man sucht seinen Platz im Leben und meistert dabei quasi nebenbei einiges an Herausforderungen.

Darf ich Sie an dieser Stelle fragen, warum Sie dieses Buch lesen? Warum hat der Titel Sie angesprochen? Haben Sie möglicherweise gespürt, dass in Ihrem Leben eine Veränderung ansteht? Oft geben unser Körper und/oder Geist uns Signale, wenn wir mit dem Bestehenden unglücklich, unter- oder überfordert sind.

Bei diesem ersten Schritt ist es sehr wichtig, das, was kommen wird, ebenso zu akzeptieren wie das, was war. Ich bin fest überzeugt, dass das Leben dazu da ist, immer wieder neu gefordert und herausgefordert zu werden, zu lernen und Neues zuzulassen.

Nehmen Sie sich für die nächste Übung 20 Minuten Zeit, schauen Sie zurück und wagen Sie einen Ausblick auf Ihre Zukunft.

> **Übung 20: Die Jahrestreppe**
> Clarissa Estés, eine US-Psychoanalytikerin, geht davon aus, dass unser Leben sich in einem Sieben-Jahres-Rhythmus abspielt und dass jede dieser Sieben-Jahres-Phasen ihren spezifischen Sinn hat.
> Können Sie sich an Ihre wichtigsten positiven Erfahrungen, Krisen, Schicksalsschläge in dem jeweiligen Zeitfenster erinnern? Welche Veränderungen wünschen Sie sich noch, was möchten Sie in den nächsten Siebener-Phasen noch alles erreichen? Markieren Sie diese Ziele farblich.
> Welche Ihrer bisherigen Erfahrungen hat Sie besonders geprägt? Erkennen Sie im Rückblick, dass sich aus negativen Erfahrungen etwas Positives ergeben hat? Welche Menschen sind oder waren Ihre Wegbegleiter? Welche Stärken benötigten Sie bei den Veränderungen, die hinter Ihnen liegen? Wie empfinden Sie diese Erkenntnisse im Nachgang?
>
> _____
> _____
> _____
> _____
> _____
> _____

Hat der Ausgang der Übung Sie überrascht? Möglicherweise sind Ihnen Dinge wieder eingefallen, die Sie schon längst vergessen hatten, bei denen Sie aber bei nochmaliger Betrachtung stolz auf das sein können, was Sie damals geleistet, erreicht, bewältigt haben. Für mich ist diese Übung bei der Arbeit mit meinen Klienten immer etwas ganz Besonderes! Immer wieder freue ich mich daran, wie Menschen plötzlich anfangen, von innen heraus zu leuchten, wie ihr Körper sich aufrichtet und ihre Stimme fester wird. In jedem von uns steckt unendlich viel Stärke und Kraft, das Leben zu meistern und dabei immer mehr Verantwortung für sich selbst zu übernehmen.

Jeder Veränderungsprozess hat drei Phasen:

1. Die Startphase
Sie haben erkannt, dass sich etwas verändern soll, darf oder sogar muss. Sie haben auch schon eine Ahnung, was genau das sein könnte. Sie selbst entscheiden, was von Ihrem Wissen, Ihren Erfahrungen Sie zurücklassen und was Sie mit in die Zukunft nehmen möchten. Dinge loszulassen kann wehtun. Darum kann es hilfreich sein, wenn Sie das Loslassen als Ritual gestalten: Sie können sich ganz formell gedanklich von Altem verabschieden; Sie können es auf einen Zettel schreiben, und Sie können diesen Zettel verbrennen oder als Papierschiffchen dem Wasser übergeben. Lassen Sie den Abschiedsschmerz zu. Immerhin sind es vertraute Denkmuster, lieb gewonnene Gewohnheiten, Gefühle und Wegbegleiter, die Sie nun zurücklassen.

> **Übung 21**
> Wie möchten Sie sich von Ihren alten Themen verabschieden? Was möchten Sie mitnehmen, was oder wen lassen Sie zurück?
>
> _____
> _____
> _____
> _____
> _____

2. Der Übergang

Diese Phase ist geprägt durch Rückfälle, Zweifel, Unsicherheiten. Sie haben Ihr gewohntes Terrain verlassen, und das neue, das Sie erkunden, fühlt sich unter Ihren Füßen noch unvertraut an. Hindernisse tauchen auf, und immer wieder finden Sie sich an Weggabelungen, an denen Sie eine Entscheidung treffen müssen. Nichts scheint mehr sicher zu sein, und das macht Angst. Wird beispielsweise Ihr Partner, Ihre Familie, werden Ihre Freunde die Veränderung akzeptieren, die mit Ihnen vorgeht? Manchmal erwischen Sie sich dabei, wie Sie sich nach dem Altvertrauten zurücksehnen oder gar anfangen, sich Dinge schönzureden, die dies weiß Gott nicht waren?

Bleiben Sie jetzt stark! Prüfen Sie, welche Möglichkeiten Sie haben, welche Chancen sich Ihnen bieten und welchen Preis Sie bezahlen müssen, wenn Sie sie ergreifen. Malen Sie sich Ihre Zukunft ruhig in den schillerndsten Farben aus, tagträumen Sie, wie Sie es als Kind getan haben. Wenn die Veränderung Sie so richtig durchschüttelt, können Sie sich sagen: Schlimmer kann es nicht werden, ich kann an der neuen Situation nur wachsen.

Treffen Sie noch einmal ganz bewusst die Entscheidung für oder gegen das neue bzw. das alte Leben. Und denken Sie daran: Je intensiver der Reifungsprozess, umso klarer und energiereicher fällt die Entscheidung für ein neues Leben.

> **Übung 22**
> Welche Zweifel haben Sie bereits, oder welche könnten bei der Entscheidung, neue Wege zu gehen, aufkommen? Wie werden Familie, Partner, Freunde auf Ihre Entscheidung reagieren? Haben Sie Verbündete, die den neuen Weg mit Ihnen beschreiten werden?
> _____
> _____
> _____
> _____

3. Ankommen im Neuen

Sie sind zu beglückwünschen, denn Sie haben die so wichtigen ersten Schritte auf dem Weg in ein neues Leben hinter sich gebracht: Sie haben sich entschieden, Ihr Leben zu ändern, haben sich von Belastendem gelöst und die schmerzhafte Zeit des Übergangs durchgestanden. Jetzt tun Sie die ersten Schritte in Ihrem neuen Leben. Diese Phase kann mit viel Enthusiasmus, Begeisterung, Freude, Lust am Experimentieren verbunden sein, aber auch mit Ängsten und Unsicherheiten einhergehen. Ab und an packen Sie Wehmut und Sentimentalität, und Sie wünschen sich in die Vergangenheit zurück. Wenn dieser Wunsch sehr stark wird, sind wahrscheinlich alte Muster in Ihnen wieder zum Tragen gekommen. Dann lohnt es sich, die alten Themen noch einmal anzuschauen und eine Heilung herbeizuführen. Scheuen Sie sich nicht, dabei Hilfe in Anspruch zu nehmen, wenn Sie welche brauchen. Doch seien Sie auch sicher: Mit jedem Tag mehr, den Sie Ihr neues Leben leben, werden Sie ruhiger und souveräner. Und irgendwann sind Sie dann ganz angekommen und können voller Stolz zurückblicken auf das, was Sie geschafft haben.

> **Übung 23**
> Welche alten Muster und Empfindungen bedrücken Sie? Was verursacht Ihnen noch Gefühle wie Schmerz, Wut, Neid oder Hass? Wem können Sie nicht verzeihen, welche Menschen/Verhaltensweisen kränken oder verletzen Sie?

Ich würde diesen Abschnitt gerne mit einem Loslass- und Vergebungsritual aus meiner Coachingpraxis beenden und freue mich, wenn Sie sich darauf einlassen mögen. Vielleicht haben Sie jetzt einen kleinen Schreck bekommen – aber ich verspreche Ihnen: Sie werden es nicht bereuen!

Übung 24

Welche Person(en) sind Ihnen bei der letzten Übung eingefallen? Was möchten Sie dem oder den betreffenden Menschen gerne vergeben, welche Verletzungen möchten Sie loslassen? Was waren die schönen Seiten der Beziehung zu dieser Person, was die unschönen? Wie hat sich der betreffende Mensch Ihnen gegenüber verhalten? Was könnte der Grund dafür gewesen sein? Fühlen Sie sich in die andere Person ein. Was haben Sie dazu beigetragen, dass die Beziehung sich so entwickelte, die Situation so eskalierte? Schreiben Sie Ihre Gedanken und Erkenntnisse hier auf.

_____

_____

_____

_____

_____

_____

_____

_____

_____

Nun stellen Sie sich vor, wie Sie auf einer Brücke auf diese Person zugehen. Auf der Mitte der Brücke haben Sie den anderen erreicht und reichen ihm/ihr Ihre Hand.

Formulieren Sie Ihre Verletzung nun in einem Satz und sprechen Sie diesen Satz in Ihrer Phantasie zu der anderen Person, der Sie dabei gedanklich in die Augen schauen. Sie können den Satz auch laut aussprechen. »Ich verzeihe dir, dass du ...«

> Im nächsten Schritt formulieren Sie Ihr Verhalten, das zu der Verletzung geführt hat, und verzeihen es sich: »Ich verzeihe mir, dass ich ...« Auch diesen Satz können Sie wieder laut aussprechen.
>
> Zum Abschluss geben Sie dem anderen in Ihrer Vorstellung die Hand oder nehmen ihn fest in den Arm – je nachdem, wie es für Sie passt. Verlassen Sie die Brücke und lassen Sie Ihre Verletzung dort zurück. Wichtig ist, dass Sie sich bewusst machen, für welche Aspekte Ihrer Beziehung zu dem anderen Menschen Sie ihm oder ihr dankbar sein können. Nachdem Sie ihm/ihr gedanklich verziehen haben, sollten Sie sich wertschätzend von ihm/ihr verabschieden. Danach wird es Ihnen leichterfallen, den betreffenden Menschen innerlich wirklich loszulassen.

Sie haben nun den ersten Schritt zur Annäherung an Ihre Ziele mit Bravour gemeistert.

2. Schritt: Dem Leben zuversichtlich entgegenblicken

> »Die Welt besteht aus Optimisten und Pessimisten. Letztlich liegen beide falsch. Aber der Optimist lebt glücklicher.«
>
> *Kofi Annan*

Natürlich ist es in schwierigen Situationen nicht leicht, optimistisch zu bleiben, doch je mehr Sie es versuchen, umso leichter wird es Ihnen fallen. Bei mir selbst kann ich immer wieder feststellen, dass ich mein Gehirn auf Optimismus und Lösungsvorschläge trainiert habe.

Vor kurzem hatte ich einen Vortrag vor einem großen Publikum in St. Gallen. Voller Vorfreude fuhr ich dorthin und stellte fünf Minuten vor Ankunft fest, dass ich meinen Computer mit der Präsentation zu Hause auf dem Tisch hatte liegen lassen. Eine kleine Katastrophe, die mich noch vor ein paar Jahren schachmatt gesetzt hätte und mir mit Sicherheit meine gute Laune genommen hätte. Ich schmiss meine Gehirnwindungen an und spielte meine Möglichkeiten durch: Nach Hause fahren und den Computer holen war zeitlich nicht zu schaffen. Meine Agentur anrufen und dort nachfragen, ob meine Unterlagen für eine ähnliche Präsentation dort vorlagen – leider Fehlanzeige. Den Vortrag ohne Unterlagen halten – möglich, wenn auch stressig. Dann kam mir ein Geistesblitz: Ich hatte die Vortragsunterlagen ja zwei Wochen zuvor an eine meiner Mitarbeiterinnen verschickt. Ich rief sie an, bat den Veranstalter um einen Leih-Laptop und ließ mir die Unterlagen mailen. Problem gelöst.

Früher wäre mein innerer Kritiker über mich hergefallen und hätte mir Unprofessionalität und Vergesslichkeit vorgeworfen. Jetzt hatte ich wenige Minuten, nachdem das Problem aufgetreten war, eine Lösung. Der Abend verlief übrigens glatt und machte mir großen Spaß.

Pessimismus frisst seelische Energie! Versuchen Sie auch eine missliche Situation immer aus unterschiedlichen Blickwinkeln zu beleuchten – alles im Leben hat zwei Seiten. Pessimisten sind beherrscht von Unsicherheit, Angst und Scham. Optimisten hingegen sind Chancenfinder und Problemlöser, die wissen, dass es am Ende des Tunnels, egal, wie lang er auch sein mag, immer Licht gibt.

Wie können Sie sich denn nun aber optimistisch stimmen? Indem Sie sich der Macht Ihrer Gedanken bewusst werden. Sie entscheiden, ob Sie einen positiven oder einen negativen Gedanken haben – niemand anderer.

FORMEL »Ich«

»Unser Leben ist das Produkt unserer Gedanken.«

Marcus Aurelius

Ja, unser Leben ist erwiesenermaßen das Produkt unserer Gedanken und unserer inneren Bilder. Ob das, was uns den Tag über so im Kopf herumgeht, mehrheitlich optimistischer oder pessimistischer Natur ist, entscheidet über die Qualität unseres Lebens. Optimisten wie Pessimisten erweisen sich jeweils als gute Propheten. Der Optimist, der mit einem guten und erfüllenden Ausgang rechnet, behält meist recht. Der Pessimist hingegen glaubt von vornherein, dass eine Sache nicht gut ausgehen wird ... und auch seine Vorhersage trifft meistens ein. Unsere Gedanken und Erwartungen beeinflussen unser Verhalten und das unserer Mitmenschen. Wenn wir uns nichts Gutes erwarten, klingt unsere Stimme härter, wir sind distanziert und kurz angebunden. Haben wir hingegen positive Erwartungen, treten wir offen, humorvoll und freundlich auf.

Unsere Gedanken beeinflussen nicht nur unsere Erwartungen, sondern auch unser Befinden und die Steuerung der Hormonausschüttung in unserem Körper. Das Denken und Aussprechen von Flüchen und Tabuwörtern beispielsweise fördert die Freisetzung von Stresshormonen. Wer also seine Gedanken einigermaßen im Griff hat, ist auf Dauer glücklicher und gesünder.

E – Erfinden Sie sich immer wieder neu

Wie ist es um Ihre Gedankenwelt bestimmt? Sind Sie eher ein Optimist oder ein Pessimist? Ist Ihr Glas halb voll oder halb leer?

Lesen Sie sich die folgenden zehn Fragen durch und kreuzen Sie die Antwort an, die Ihnen am ehesten entspricht.

1. Wenn ich in eine neue Situation gehe, ...
   a) ... bin ich sehr zurückhaltend und vorsichtig.
   b) ... glaube ich, dass alles schon gutgehen wird.
   c) ... erwarte ich immer das Schlimmste.

2. Wenn mein Tag bereits schwierig beginnt, ...
   a) ... versuche ich, besonders optimistisch dagegenzuarbeiten.
   b) ... möchte ich mich am liebsten verkriechen.
   c) ... nehme ich mich zusammen und versuche ihn irgendwie zu überstehen.

3. Als freundschaftlichen Ratschlag schätze ich ...
   a) ... eine sachliche, nüchterne Betrachtung meiner Situation.
   b) ... dass man mich und meine Gedanken ernst nimmt.
   c) ... eine optimistische und humorvolle Betrachtungsweise.

4. Nach einem konstruktiven Feedbackgespräch mit meinem Vorgesetzten ...
   a) ... versuche ich, ab sofort an meinen Schwächen zu arbeiten.
   b) ... stelle ich mich selbst und meine Fähigkeiten in Frage.
   c) ... sage ich mir, dass mein Chef eh keine Ahnung hat.

5. Als Partner/in bin ich ...
   a) ... gewissenhaft und verlässlich.
   b) ... optimistisch und heiter.
   c) ... kritisch und hinterfragend.

6. Wenn es einen Konflikt gibt,
   a) ... sage ich mir, dass sich der Ärger sicher bald von selbst auflösen wird.
   b) ... spreche ich ihn an und versuche ihn aus der Welt zu schaffen.
   c) ... glaube ich, dass alle gegen mich sind.

7. Glück ...
   a) ... ist ein Zufallsprodukt.
   b) ... kann ich beeinflussen und herbeiführen.
   c) ... haben alle, nur ich nicht.

8. Wenn mein innerer Kritiker aktiv ist, ...
   a) ... spreche ich konstruktiv und wertschätzend mit mir.
   b) ... verurteile ich mich selbst in Bausch und Bogen.
   c) ... spreche ich in Fäkalsprache mit mir und mache alles nieder.

9. Optimismus ist für mich ...
   a) ... ein Fremdwort.
   b) ... sich über die positiven Dinge zu freuen und den schlechten keinen allzu hohen Stellenwert einzuräumen.
   c) ... Chancen zu bewerten und einzuschätzen.

10. Gute Laune bei anderen ...
    a) ... überträgt sich sofort auf mich.
    b) ... kann ich nur schwer ertragen.
    c) ... versuche ich zu hinterfragen: Warum sind die anderen so gut drauf?

E – Erfinden Sie sich immer wieder neu

Auswertung:

Fragen	1	2	3	4	5	6	7	8	9	10
a)	2	3	2	3	2	3	2	3	1	3
b)	3	1	1	1	3	2	3	2	3	1
c)	1	2	3	2	1	1	1	1	2	2

30–23 Punkte:

Sie sind ein echter Optimist. Jeder Tag ist für Sie ein Lächeltag. Sie haben eine positive Grundhaltung und versuchen stets das Beste zu sehen. Um diese Fähigkeit sind Sie zu beneiden, denn auch wenn es mal richtig schwierig wird, behalten Sie die motivierende Überzeugung, dass alles im Leben einen Sinn und Nutzen hat und es Ihnen zu anderen Zeiten auch wieder besser gehen wird. Sie sind kein Mensch, der die Dinge schönredet, sondern schauen sich Ihren Anteil an schwierigen Situationen genau an. Andere stecken Sie mit Ihrer guten Laune häufig an, und mit Ihrer positiven Erwartung erzielen Sie gute Erfolge.

22–15 Punkte:

Glück oder Pech – so etwas existiert bei Ihnen nicht. Sie sind ein Realist, und Ihr Leitspruch lautet: Das Leben ist, wie es ist! Bei Ihnen zählen nur harte Fakten. Sie sind weder besonders optimistisch noch ausgeprägt pessimistisch. Sie glauben, dass es nichts bringt, auf einen guten Verlauf der Dinge zu hoffen. Auf Ihr Glück oder das Schicksal möchten Sie nicht vertrauen, sondern nehmen die Dinge lieber selbst in die Hand. Möglicherweise ist diese nüchterne Grundhaltung in Erfahrungen begründet, die Sie bereits gemacht haben. Mussten Sie schon einmal Ihre Hoffnungen aufgeben und haben sich danach geschworen, nur noch auf Fakten zu vertrauen? Lassen Sie sich von einer Niederlage nicht aus dem Konzept bringen! Sie verschenken so ohne Not die innere Kraft und Motivation, die uns positive Visionen verleihen.

14 und weniger Punkte:
Sie sehen das Leben alles anders als rosarot, sind also ein echter Pessimist. Und tatsächlich ist Ihr Leben nicht ganz einfach. Immer wieder finden Sie sich in schwierigen Situationen wieder. Vielleicht bremsen Sie sich mit Ihren eigenen negativen Erwartungen selbst aus? Wenn Sie möchten, probieren Sie mal Folgendes aus: Achten Sie einen Tag lang ganz bewusst darauf, was der kleine pessimistische Teufel in Ihrem Kopf Ihnen so alles einflüstert. Immer dann, wenn Sie Ihre negative innere Stimme bewusst wahrnehmen, sagen Sie in Gedanken laut und energisch »Stopp!«. Anschließend versuchen Sie den negativen Gedanken in einen positiven umzuformulieren. Das kann Ihnen helfen, alles nicht mehr so schwarz zu sehen.

Nun ist es an der Zeit, Ihnen MURPH vorzustellen, der seit Jahren zu mir und meinem Leben gehört – manche von Ihnen werden ihn schon aus meinem letzten Buch kennen.

MURPH ist ein liebevoller Bewohner nicht nur meines, sondern auch Ihres Gehirns. Er ist sieben Tage in der Woche 24 Stunden lang für Sie aktiv; Sie können ihn als eine Art Hausmeister mit vielfältigen Aufgabengebieten betrachten. Eine seiner Aufgaben ist die Archivierung all Ihrer Erfahrungen, Sinneswahrnehmungen und Visionen, so dass Sie jederzeit darauf zurückgreifen können. Sein Hauptjob jedoch ist das Umsetzen Ihrer Gedanken, negativer wie positiver. Sobald Sie ihm beispielsweise den Befehl geben, beim Open-Air-Kino noch Restkarten zu erhalten, wird er diesen Wunsch sehr ernst nehmen und alles zu seiner Erfüllung tun. Sobald Sie allerdings schwankend werden und anfangen, an Ihrem Wunsch zu zweifeln, überträgt sich dies auch auf MURPH, denn er orientiert sich immer am jeweils aktuellsten Befehl. Noch ein Grund mehr also, auf Ihre Gedanken zu achten …

Doch nicht nur Ihre Gedanken lassen sich kontrollieren, sondern auch Ihre Gefühle. Sobald sich ein Gefühl in Ihrem Körper breitmacht, sucht es eine Leinwand und findet diese in Ihrem Gesicht, Ihrem Körper und in Ihrer Stimme. Kurzgefasst kann man sagen, dass negative Gefühle die gesamte Muskulatur nach unten ziehen, während positive Gefühle die Muskeln nach oben ziehen.

Übung 25

Stellen Sie sich vor den Spiegel und ahmen Sie die Mimik und Körpersprache, die auf den folgenden fünf Bildern zu sehen ist, für jeweils ein bis zwei Minuten nach. Fühlen Sie, was sich in Ihnen verändert.

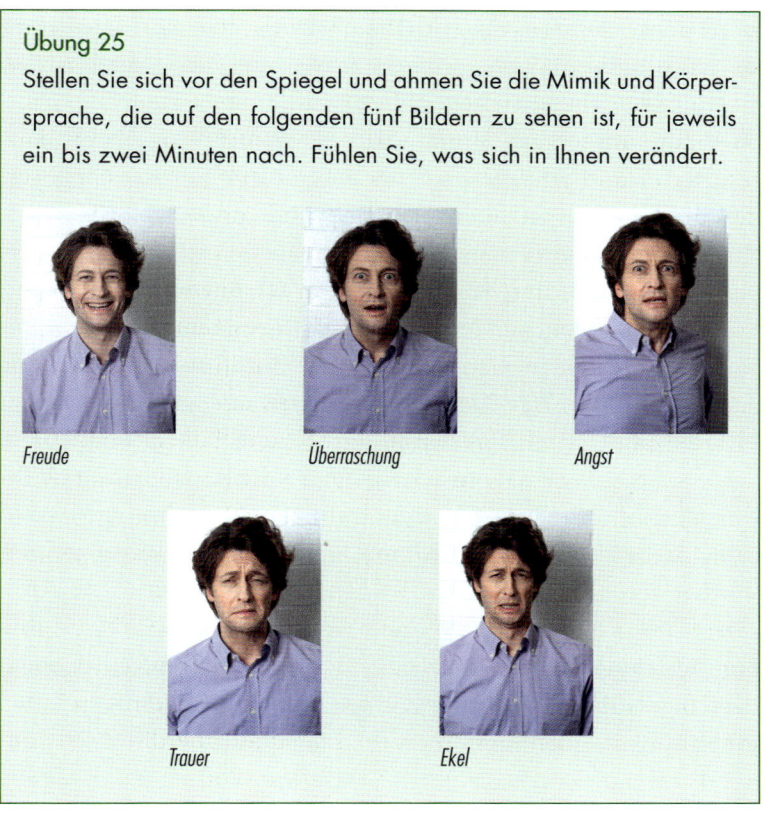

Freude   Überraschung   Angst

Trauer   Ekel

Und? Wie ist es Ihnen ergangen? Sie sind gerade in den Genuss des sogenannten »Body-Feedbacks« gekommen. Was heißt das? Unser Körper ist Mitgestalter von psychischen Prozessen. Seelische Vorgänge haben Auswirkungen auf den Körper, aber umgekehrt funktioniert es auch: Körperliche Haltungen haben Einfluss auf die Gehirnaktivität und damit auch auf die Hormonausschüttung. Die US-Psychologen John Riskind und Carolyn Gotay haben in einem spannenden Experiment herausgefunden, dass körperliche Veränderungen wie beispielsweise eine stark gekrümmte Haltung oder aber eine sehr aufrechte Haltung, die jeweils acht Minuten lang gehalten wurden, Auswirkungen auf das Leistungsvermögen der Versuchspersonen hatte. Sie mussten ein vielteiliges geometrisches Puzzle zusammensetzen. Die Gruppe, die in aufrechter Haltung saß, war eifriger, motivierter, konzentrierter und erfolgreicher. Die gekrümmte Haltung hingegen ließ die Versuchspersonen unkonzentriert und mutlos werden. Körperlich zusammenzusacken verändert den Blutfluss im Körper, und das Gehirn sendet Signale von Müdigkeit, Mutlosigkeit, Frustration und Erschöpfung. Eine aufrechte Haltung sorgt für eine gute Wärmeverteilung im Körper und für einen ungehinderten Blutfluss. Das Gehirn reagiert darauf, indem es Frische, Tatkraft und Optimismus signalisiert.

Sie können sich also in schwierigen Situationen ab sofort etwas Gutes tun, indem Sie diese Haltungen einnehmen und jeweils drei bis fünf Minuten lang halten. Ihre Laune wird sich spürbar verbessern!

Zum Abschluss von Schritt 2 möchte ich Ihnen noch eine schöne Drei-Tages-Übung verraten, bei der Sie Ihren persönlichen Gefühlsquotienten kennenlernen.

Übung 26

Beschäftigen Sie sich in den kommenden drei Tagen intensiv mit Ihren Gefühlen. Lassen Sie am Abend Ihren Tag Revue passieren und verteilen Sie Werte von 0–4 auf die jeweiligen Gefühle.

0 = nicht gefühlt
1 = leichte Ausprägung
2 = mittlere Ausprägung
3 = starke Ausprägung
4 = dauerhafte Ausprägung

Gefühl	Tagesbarometer Tag 1/2/3
Freude, Spaß, Fröhlichkeit	
Leichtigkeit	
Beschwingtheit, Ungehemmtheit	
Nervosität, Überforderung	
Überraschung, Staunen	
Trauer, Enttäuschung, Frustration	
Neugier, Offenheit	
Wut, Hass, Verachtung	
Ekel, Widerwillen, Abgestoßenheit	
Zufriedenheit, Glück	
Angst, Unsicherheit	
Liebe, Akzeptanz, Nähe	
Stress, Druckgefühle	
Schuld, Reue	

Nun schauen Sie, wie Ihr Barometer jeden Tag aussieht. Wie ist das Verhältnis zwischen den schönen und den weniger angenehmen Gefühlen?
Ihr langfristiges Ziel sollte natürlich sein, im Laufe eines Tages mehr positive als negative Gefühle zu erleben. Entdecken Sie wieder neu, was in Ihrem Leben Sie froh und glücklich macht – und tun Sie mehr davon.
Listen Sie hier 20 Tätigkeiten auf, die Ihnen Freude machen, die Sie bereichern, bei denen Sie die Zeit vergessen und sich einfach nur gut fühlen. Wenn Sie ad hoc nicht auf 20 kommen, so ergänzen Sie die Liste in den nächsten Wochen.

_____

_____

_____

_____

_____

_____

3. Schritt: Auf sich selbst vertrauen

Trauen Sie sich zu, aus eigener Kraft etwas zu schaffen, etwas zu bewirken? Nachdem Sie sich bereits intensiv mit Ihren persönlichen Stärken und Besonderheiten und der Macht der Gedanken bzw. des Körpers befasst haben, dürfte hier nicht mehr allzu viel zu tun sein.

Lassen Sie uns doch kurz schauen, wo Sie bei diesem Thema inzwischen stehen:

Beantworten Sie die fünf folgenden Aussagen, die Ihnen so oder ähnlich in diesem Buch schon begegnet sind, mit »Stimmt«, oder »Stimmt nicht«:

1. In neuen Situationen verlasse ich mich ganz auf mein Gefühl und lasse mich davon leiten.
2. Neue Herausforderungen gehe ich gelassen und mit großer Neugier an.
3. Ich kann aus dem Stegreif zehn meiner Topstärken nennen.
4. Ich bin mir meiner eigenen Verantwortung für mein Leben bewusst.
5. Jedes Problem ist lösbar und birgt Chancen.

Auswertung:
4- bis 5-mal »Stimmt«:
Super! Sie sind auf dem besten Weg, die Regie über Ihr Leben zu übernehmen.

0- bis 3-mal »Stimmt«:
Ihr Vertrauen in sich selbst ist noch ausbaufähig. Nutzen Sie die folgenden Übungen, um Ihre Neuausrichtung noch besser zu festigen.

Nehmen Sie sich im nächsten Schritt eine der Aussagen noch einmal vor, die Sie mit »Stimmt nicht« beantwortet haben. Warum fällt es Ihnen schwer, diese Aussage positiv zu beantworten? Warum konnten Sie sie noch nicht verinnerlichen? Beantworten Sie folgende sechs Fragen:

1. Was erscheint Ihnen an diesem Satz so abwegig?
2. Gibt es Menschen, die Sie in diesem Glauben bestärkt haben? Sind diese Menschen evtl. sogar ein Vorbild für Sie?
3. Welche Nachteile würden Sie erleiden – physisch und emotional –, wenn Sie diesen Glauben hinter sich ließen?
4. Wie könnte es sich anfühlen, wenn Sie diesen Glauben abschütteln könnten?

5. Was können Sie konkret tun, um sich von diesem Glauben zu befreien?
6. Warum wird Ihnen dies erst jetzt bewusst?

Unser Unterbewusstsein hat eine stärkere Wirkung, als wir uns vorstellen können. Die Beantwortung der obigen Fragen hilft Ihnen dabei, mehr von Ihren unbewussten Glaubenssätzen auf die Ebene des Bewusstseins zu holen.

Der israelisch-amerikanische Medizinsoziologe Aaron Antonovsky prägte in den 1970er-Jahren den Begriff der »Salutogenese«. Das Wort ist eine lateinisch-griechische Fügung (lateinisch »salus« = Gesundheit, Wohlbefinden und griechisch »genesis« = Ursprung, Entstehung). Antonovsky und sein Team befassten sich mit der Frage, wie Wohlbefinden entsteht. Dabei stießen sie auf das Phänomen des Kohärenzgefühls (von lateinisch »cohaerentis« = zusammenhängend). Es spielt eine bedeutsame Rolle für Gesundheit und Wohlbefinden. Ein Mensch, der sein Leben als kohärent empfindet, glaubt, dass das, was ihm in seinem Leben begegnet, verstehbar ist, dass es bewältigbar ist und dass es einen Sinn hat. Daraus ergibt sich die Bereitschaft, sich mit den Herausforderungen des Lebens produktiv auseinanderzusetzen. Ein Mensch, der Kohärenz empfindet, kann mit hoher Wahrscheinlichkeit am Ende eines Tages sagen, dass er sein Bestes getan, sich sinnvoll engagiert und betätigt hat und mit dem, was ihm am Herzen liegt, ein Stück weitergekommen ist.

> **Übung 27**
> Sie können Ihr Vertrauen in sich selbst und Ihr Kohärenzempfinden steigern, indem Sie sich beispielsweise ein Tagebuch zulegen, in dem Sie jeden Abend notieren, was der vergangene Tag Ihnen Gutes gebracht hat: freudige Momente; Situationen, in denen Sie Ihre Fähigkeiten einsetzen konnten; kleine und größere Herausforderungen, die Sie gemeistert haben.
> So ein Tagebuch hat viele Vorteile für Sie und Ihr Leben:
> 1. Es wird in schwierigen Zeiten zum Mutmacher.
> 2. Sie schließen den Tag mit positiven Gedanken ab.
> 3. Sie entdecken sich täglich neu.
> 4. Sie führen sich Ihr Leben vor Augen, halten inne und sind so in der Lage, Zusammenhänge besser zu verstehen, die Ihnen im Getriebe des Alltags entgehen.

4. Schritt: Eigenverantwortung entwickeln

Vor ein paar Monaten erreichte mich aus meiner Heimatstadt die Nachricht, dass zwei alte Bekannte von mir, die seit ihrer Jugend ein Paar gewesen waren, sich getrennt hatten. Ich war erschüttert. Die beiden waren 22 Jahre zusammen gewesen, hatten zwei wohlgeratene Kinder, beide beruflich Karriere gemacht und gehörten längst zum Stadtbild.

Was war da passiert? Ich machte mich auf die Reise in meine alte Heimat und sprach mit beiden. Und siehe da: Jeder von beiden gab dem anderen die Schuld. Aus seiner Perspektive wollte sie immer mehr – wollte Luxus, Erfolg und hoch hinaus, bildete sich weiter, war kaum noch zu Hause und vernachlässigte die Familie. Von ihrer Warte aus war er zum Couch-Potato mutiert, hatte an nichts mehr Interesse, vernachlässigte sein Äußeres, war in seiner Entwicklung stehengeblieben und langweilig geworden. Keiner von beiden war bereit, sich auf die Suche nach dem eigenen Anteil bei den Konflikten zu begeben, die die Ehe schließlich an ihr Ende gebracht hatten.

Ich möchte die beiden nicht an den Pranger stellen, begegnet mir das Phänomen der Schuldzuweisung doch in meiner Arbeit täglich. Anderen die Schuld zu geben, wenn im eigenen Leben etwas nicht nach Wunsch läuft, ist eine weit verbreitete Strategie, sein eigenes Verhalten und den eigenen Beitrag zur jeweiligen Situation unter den Tisch fallen zu lassen. Man braucht dabei keinerlei Verantwortung zu übernehmen und kann sich in der Opferrolle behaglich einrichten. Sicher ein netter Versuch, den eigenen Selbstwert zu bewahren, aber auf Dauer lähmend und abhängig machend, denn auf diese Art und Weise können keine Konflikte und Herausforderungen bewältigt werden. Im Gegenteil: Die Schuldzuweiser verfangen sich immer mehr in einem Netz, aus dem es irgendwann kaum noch ein Entkommen gibt, fühlen sich ohnmächtig und fremdgesteuert.

Im Job gibt es für das, was wir tun, eine klare Stellenbeschreibung. Darin stehen unsere Pflichten, Aufgaben und Rechte – das macht es uns einfach, klar zu verstehen, was man von uns erwartet. Im Leben gibt es das leider (oder aus meiner Perspektive betrachtet: glücklicherweise) nicht. Wir können selbst entscheiden, wie wir im Rahmen der sozialen und gesellschaftlichen Regeln agieren möchten. Das geht aber nur, wenn wir uns dieser Handlungsfreiheit bewusst sind, die Verantwortung für unser Handeln übernehmen und zu den Konsequenzen stehen. Nebenbei ist dies von essentieller Bedeutung für einen selbstbewussten, authentischen Auftritt.

Machen Sie sich daher folgende Denkansätze zunutze:

1. Sie steuern Ihr Leben, Ihr Wohlergehen, Ihre Gefühle! Nicht andere sind dafür verantwortlich, sondern Sie ganz alleine! Sie beeinflussen mit Ihrem Selbstbild und Ihren Überzeugungen die Art und Weise, wie andere sich Ihnen gegenüber verhalten. Sie sind anderen nicht ausgeliefert, sondern liefern sich allenfalls selbst aus.
2. Ihre Entscheidungen können Sie ganz alleine auf der Basis Ihrer Werte, Ihrer ethischen und moralischen Grundsätze fällen – damit sind Sie von anderen Menschen unabhängig und frei! Solange Sie die Freiheit und das Wohlergehen anderer nicht beeinträchtigen, definieren Sie Ihre Lebensspielregeln unabhängig von Ihren Mitmenschen.
3. Sie sind nicht das Opfer der Umstände oder von irgendwelchen Arschlöchern, sondern haben immer die Wahl: Sie können neue Wege gehen oder bleiben, sich wehren und Grenzen setzen. All das liegt in Ihrer Macht, und diese Macht sollten Sie nicht ohne Not an andere Menschen abgeben.

Fangen Sie an, Ihre eigenen Grenzen zu setzen, auf Ihren Bauch zu hören, sich Zeit für sich und Ihre eigenen Wünsche zu nehmen. Lassen Sie sich nicht länger instrumentalisieren. Agieren Sie selbstverantwortlich – Sie werden staunen, was dann in Ihrem Umfeld passiert!

In einem meiner zahlreichen Trainings begegnete mir die sogenannte »BC/RC/WC-Technik« (die Abkürzung steht für Best Case – den Idealfall, Real Case – das, was tatsächlich eintritt, und Worst Case – den schlimmsten Fall). Die Frage nach dem Schlimmsten, was passieren kann, habe ich weiter oben im Zusammenhang mit den Ängsten schon einmal vorgestellt. Sie können die »BC/RC/WC-Technik« aber nicht nur in Bezug auf Ängste, sondern auch in allen anderen Bereichen Ihres Lebens nutzen.

Definieren Sie in allen nur möglichen Belangen, was Sie möchten und was nicht!

Bei der Planung einer Urlaubsreise beispielsweise könnte Ihr BC/RC/WC-Schema aussehen wie in der folgenden Tabelle dargestellt. Sie definieren ganz genau, was Sie bei welchem Preis erwarten, wo Ihre Schmerzgrenze liegt und was Sie erleben möchten:

Kriterien	Best Case	Real Case	Worst Case
Wetter	30 Grad Celsius, Sonnengarantie	25–30 Grad	+ 20 Grad
Natur	Hotel direkt am Meer, viel Natur, Sehenswürdigkeiten	Meer im Radius von 5 Kilometern, Sehenswürdigkeiten im Rahmen von 50 Kilometern	Meer im Radius von 10 Kilometern Kilometern
Preis	2500 € pro Person Vollpension	1500 € Halbpension	1000 € Frühstück
Ort	Kanaren/Südamerika/Karibik/Asien	Ägypten/Tunesien/Südafrika	offen
Kategorie	mindestens 5 Sterne	mindestens 4 Sterne	mindestens 3 Sterne
Anreise	nicht mehr als 10 Stunden Flug, besondere Sitze mit Beinfreiheit oder Business Class	6–10 Stunden Flug Economy Class	6–8 Stunden Flug Economy Class

Reiseaufwand: Zeit/Visa etc.	keine Visa, keine Impfungen, Flughafen Zürich	Impfungen, Visa, Flughafen Frankfurt/Stuttgart/München	keine Visa/Impfungen
Sportprogramm	großes Sportprogramm (20 Arten)	kleines Sportprogramm (2–3 Animationen)	kein Sportprogramm
Unterhaltung	großes Unterhaltungsprogramm, Kinderclub, Spa, Friseur, Shops, Kino, Spieleraum, mehrere Pools	kleines Unterhaltungsprogramm, Kinderclub 3–4 Stunden pro Tag, kein Spa, aber in der Nähe, mindestens 1 Pool	kein Unterhaltungsprogramm, Autovermietung
Ausflugsmöglichkeiten	vom Hotel organisiert, teilweise inklusive	2–3 Ausflüge pro Woche vom Hotel organisiert	auf eigene Faust

Mit dieser Vorbereitung gehen Sie nun in ein Reisebüro und lassen sich beraten. Sie haben eine genaue Idee, was Sie für 2500 Euro haben möchten und welche Abstriche Sie bereit sind zu machen, wenn Sie die Idealreise nicht bekommen.

Diese Methode können Sie auf den Traumjob, das Traumhaus, die Traumwohnung, den Traumpartner, die Gehaltsverhandlung etc. anwenden. Und eines kann ich Ihnen versprechen: Mit dieser Vorbereitung werden Sie nie mehr unter Ihren Wünschen aus Verhandlungen aussteigen, weil Sie Ihre Konditionen innerlich gesetzt haben und andere dies spüren.

Übung 28
Was planen Sie gerade, welche Veränderung steht an? Bei welchem Unterfangen kann Ihnen die BC/RC/WC-Strategie helfen? Formulieren Sie hier Ihre Bedingungen, Kompromisse, Ideen.

_____

_____

_____

Wir haben an verschiedenen Stellen dieses Buches über Prägungen aus der Vergangenheit gesprochen – innere Antreiber etwa oder überholte Glaubenssätze. Sie können Sie natürlich höchst effektiv blockieren, wenn es darum geht, dass Sie Verantwortung für sich selbst übernehmen. Sie können hier wieder die Technik nutzen, bei der Sie negative Glaubenssätze positiv umformulieren. Aus »Ich kann nichts und bin nichts!« kann dann beispielsweise werden: »Ich bin wertvoll und habe viel zu bieten!«

Übung 29
Versuchen Sie die folgenden negativen Glaubenssätze in positive umzuformulieren:

Kraftentziehende Sätze	Kraftspendende Sätze
Ich kann das nicht.	
Ich bin nichts wert.	
Keiner braucht mich.	
Ich bin nicht liebenswert.	

Mögliche Antworten könnten sein:

Satz 1: »Ich darf auch Fehler haben«, »Kein Mensch auf dieser Welt ist perfekt«, »Ich versuche es und mache meine eigenen Erfahrungen«.

Satz 2: »Ich bin wertvoll«, »Ich habe wunderbare Eigenschaften«, »Ich bin ein wunderbarer, einmaliger, kostbarer Mensch«.

Satz 3: »Ich bin ein wichtiger Teil der Gesellschaft«, »Ich bin für viele Menschen wichtig und wertvoll«, »Ich leiste einen tollen Beitrag im Leben vieler Menschen«.

Satz 4: »Ich bin spannend, vielseitig, wunderbar, einzigartig, inspirierend, begeisterungsfähig, unvergleichlich, brillant.«

Welcher Glaubenssatz beschäftigt Sie schon seit Jahren? Wie könnte er positiv formuliert lauten? Machen Sie den Satz ruhig richtig groß. Damit meine ich, dass er Ihnen jetzt im Moment durchaus ein bisschen übertrieben vorkommen darf. Mein positiver Glaubenssatz lautet: »Ich bin großartig und habe anderen Menschen viel zu bieten.«
Und Ihrer?

_____

_____

_____

Sagen Sie sich diesen Satz ab sofort mindestens sechs bis acht Wochen lang morgens direkt nach dem Aufstehen und abends kurz vor dem Einschlafen. Das wird Ihnen am Anfang etwas komisch vorkommen, weil Ihr innerer Kritiker Ihnen zuverlässig ins Wort fallen wird. Wenn Sie sich davon aber nicht beirren lassen, wird dieser Satz langsam, aber sicher in Ihre Blutbahn, in Ihr Denken übergehen und die Synapsen in Ihrem Gehirn verändern. Bleiben Sie dran!

5. Schritt: Beziehungen und Netzwerke pflegen

Unser Leben ruht auf drei wichtigen Säulen: Familie, Freunde und soziales Umfeld und Beruf. Zwei dieser drei Säulen – Familie und Freunde/Umfeld – sind bestimmt durch das Zusammenleben mit anderen.

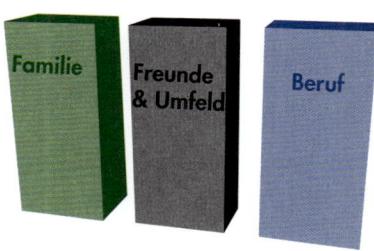

Mit anderen verbunden zu sein ist ein menschliches Grundbedürfnis – wir haben darüber weiter oben schon einmal kurz gesprochen. Ohne Kontakt zu anderen und den Austausch mit ihnen kann keiner von uns sich entwickeln und seine Fähigkeiten entfalten.

Was Freundschaft bedeutet, zeigen Versuche mit Primaten, bei denen ein Affe einer beängstigenden Situation ausgesetzt wurde: Ein Hund lief laut bellend um seinen Käfig. War der Affe allein im Käfig, zeigte er deutliche Anzeichen von Angst, und das Level der Stresshormone in seinem Blut stieg deutlich an. War ein Artgenosse mit im Käfig, zeigten beide Affen Anzeichen von Nervosität, waren jedoch weniger gestresst als ein einzelner Affe. Und waren die beiden Affen miteinander vertraut, spielte der Hund, der um den Käfig lief, schlicht keine Rolle mehr: Die Freunde gaben einander so viel Sicherheit, dass sie die Gefahr von außen gar nicht mehr wahrnahmen.

Dieses Experiment hat mich so sehr beeindruckt, dass ich seit Jahren zu Anlässen, die mich nervös machen – Fernsehauftritte,

Shows oder Vorträge vor mehr als 1000 Menschen – Familienangehörige und/oder Freunde mitnehme. Es tut mir gut, zu wissen, dass Menschen, die mich so lieben, wie ich bin, im Publikum sitzen, mitfiebern und mir ihre positiven Gedanken schicken.

Haben Sie so ein Beziehungsnetzwerk, auf das Sie sich verlassen können und das Sie im Notfall auffängt? Es ist einfach wunderbar, wenn man andere Menschen an seiner Seite hat, die einen mit ihrem Know-how, ihrer Zuneigung und Aufmunterung unterstützen. Und bei passender Gelegenheit gibt man dem anderen dann das Gute, das er einem getan hat, zurück …

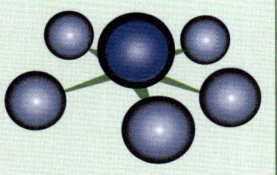

Übung 30: Beziehungscheck
Wie ist Ihr Beziehungsnetzwerk strukturiert?
1. Nehmen Sie sich ein Stück Papier und notieren Sie alle Menschen, die Ihnen wichtig sind, die Ihnen nahestehen, die aktiv an Ihrem Leben beteiligt sind.
2. Welche Menschen geben Ihnen Kraft, Stärke, Anerkennung, hören Ihnen zu und mögen Sie auch mit Ihren Fehlern?
3. Welche Beziehungen sind eher neutral und basieren womöglich nur noch auf alten Verpflichtungen oder gemeinsam Erlebtem?
4. Welche Menschen schwächen Sie, ziehen Ihnen Energie ab, nutzen Sie aus, ohne dass Sie etwas zurückbekommen?
5. Welche Beziehungen möchten Sie intensivieren? Welche möchten Sie kappen? Welche neuen aufbauen?
6. Wie können Sie Ihr Netzwerk weiter ausbauen, welche Bereiche interessieren Sie? Wie können Sie Ihre Kontakte erweitern, wie neue Menschen und Tätigkeiten kennenlernen?

Wussten Sie, dass Freundschaft sich auch auf den Erfolg im Leben auswirkt? Damit meine ich jetzt nicht das klassische »Vitamin B«, wenn es darum geht, eine gute Stelle oder einen Auftrag zu ergattern. Nein, es ist viel einfacher. Der Soziologe Nicholas Christakis hat Daten von mehr als 12 000 Erwachsenen ausgewertet, die über mehr als 20 Jahre erhoben wurden. Das spannende und faszinierende Ergebnis: Sobald einer der Teilnehmer an dieser Studie einen erfolgreichen Freund in seinem persönlichen Umfeld hatte, stieg die eigene Motivation ins Unermessliche. Die Probanden steigerten die Produktion von Glückshormonen um 25 Prozent, verdienten mehr Geld und waren insgesamt zufriedener mit ihrer Lebenssituation. Glück, Freude, Erfolg und Selbstbewusstsein färben also auf andere ab.

Übung 31

Welche Menschen könnten Sie bei der Umsetzung Ihrer großen Ziele begleiten? Wo könnten Sie diesen Menschen begegnen? Wer könnte Sie mit ihnen bekannt machen? Wen verehren und bewundern Sie? Wie könnten Sie in Kontakt mit diesem Menschen kommen?

_____

_____

_____

_____

_____

In den letzten Jahren habe ich prominente Menschen, deren Erfolgsgeheimnis ich kennenlernen wollte, einfach angeschrieben – und siehe da: 90 Prozent haben mir zurückgeschrieben.

Die sogenannten »großen Menschen« sind nämlich gar nicht so unnahbar – also: Trauen Sie sich was und nehmen Sie Kontakt zu Ihren Vorbildern auf. Das geht auch über Facebook, Xing, LinkedIn oder andere digitale Netzwerke.

Suchen Sie sich bewusst ein Umfeld von Menschen, die Sie motivieren, inspirieren, begeistern, die Ihre Ideen teilen und schätzen und Sie bei deren Umsetzung unterstützen. Es geht nicht darum, unzählige Freunde und Bekannte zu haben, sondern die richtigen. Bauen Sie darum Ihr Netzwerk ganz bewusst auf. Nutzen Sie Ihre wertvollste Ressource – Ihre Zeit – für Menschen, die Ihnen Energie geben – und nicht für solche, die Ihnen immer wieder Kraft und Mut abziehen.

6. Schritt: Auf Lösungen statt auf Probleme konzentriert sein

> »Man löst keine Probleme, indem man sie auf Eis legt.«
> *Winston Churchill*

Probleme werden nicht besser oder verschwinden einfach, wenn man den Kopf in den Sand steckt oder davor wegläuft. Sie zu lösen erfordert oft, das eigene Verhalten zu ändern. Das kann eine Herausforderung sein, und das erklärt, warum Probleme uns so unangenehm sind, warum wir sie als Hindernisse empfinden oder gar als riesigen Berg, der sich vor uns auftürmt.

Der US-amerikanische Psychotherapeut Steve de Shazer hat eine Technik zur Lösung von Problemen entwickelt – die sogenannte »Wunderfrage«: Stellen Sie sich vor, es ist Nacht und Sie gehen frühzeitig schlafen. Während Sie schlummern, geschieht ein Wunder: Ihr Problem, das Sie seit langer Zeit belastet, seit Monaten in Ihrem Kopf kreist, Ihnen auf den Magen schlägt und

Ihre Stimmung drückt, ist plötzlich gelöst. Da dieses Wunder über Nacht passiert ist, haben Sie natürlich keine Ahnung davon. Woran erkennen Sie am nächsten Morgen, dass sich das Problem in Luft aufgelöst hat? Was werden die ersten kleinen Anzeichen dafür sein, dass sich etwas gravierend zum Positiven verändert hat? Fragen zu stellen ist ein wirksames Mittel, um Problemen, Unsicherheiten ... und ja, auch Wundern auf die Spur zu kommen. Im Falle der Wunderfrage können wir uns selbst oder jemand anderem, der mit einem Problem zu kämpfen hat, die folgenden Fragen stellen:

- Welche Person in Ihrem Umfeld würde als Erstes bemerken, dass sich etwas verändert hat? Woran könnte diese Person es festmachen? Verhalten nach der Lösung des Problems bestimmte Menschen im eigenen Umfeld sich anders? Gibt es jemanden, der sehr überrascht über die Lösung des Problems sein wird?
- Welche Änderungen sind an Ihrem Verhalten, Ihrer Persönlichkeit erkennbar? Was machen Sie ohne Ihr Problem anders als vorher, wo Sie das Problem noch hatten?
- An welchem Ort würden Sie das gelöste Problem gerne als Erstes sehen? Was wären Ihre ersten Reaktionen, Verhaltensweisen?

Alle Einfälle, die im Zusammenhang der Wunderfrage auftauchen, sind positive Phantasien, die zur tatsächlichen Lösung des Problems beträchtlich beitragen können. Indem man sich eine Zukunft ohne das Problem vorstellt, wird die »Problemtrance«, das Grübeln beseitigt; die Phantasie wird angeregt und die Lösungsorientierung aktiviert. Das macht es viel leichter, die ersten Schritte zur Lösung zu finden und dann auch zu tun.

> **Übung 32**
> Stellen Sie sich einmal selbst die Wunderfrage: Was würde passieren, wenn Ihr größtes Problem plötzlich über Nacht wegfiele und gelöst wäre? Wie würde es sich anfühlen, was würde sich verändern?
> Stellen Sie sich alle oben genannten Fragen und beantworten Sie diese.
>
> _____
> _____
> _____
> _____
>
> Ich bin sicher, dass Sie Ihren Problemen mit dieser Methode erfolgreich auf den Pelz rücken werden.

Achten Sie bei anhaltenden Problemen aber auch darauf, ob Sie Ihrem Veränderungs-Kurs treu geblieben sind: Vielleicht ist das Problem ja auch ein Signal dafür, dass Sie Ihre Ziele, Wünsche, Visionen aus dem Auge verloren haben und dass sich grundsätzlicher etwas verändern muss?

So ging es mir, als ich zwischen 30 und 35 war. Ich war sicher, meine Ziele im Leben erkannt zu haben, fühlte mich klar und gereift – und übersah dabei, dass das, was ich für Reife hielt, eher ein Verlust der Leichtigkeit und Lebens-Neugier war, die ich noch in meinen Zwanzigern verspürt hatte.

Mit 30 wollte ich Karriere machen. Und das machte ich dann auch. Irgendwann hatte ich Umsatzverantwortung in mehrstelliger Millionenhöhe, Verantwortung für Mitarbeiter und arbeitete sieben Tage in der Woche meist deutlich mehr als zehn Stunden. Meine »Freizeit« bestand darin, dass ich völlig erschöpft im Bett oder auf der Couch lag. Ich war eingezwängt in ein Korsett von Terminen und Verpflichtungen. Irgendwann war mein Körper es satt. Er funktionierte nicht mehr so, wie ich es gewohnt war, und zwang mich, genauer hinzuschauen. Mir wurde klar, dass ich vor lauter Karriere alle meine anderen Ziele und Visionen über Bord geworfen hatte. Was dann passierte, fühlt sich heute noch wie ein modernes Märchen an. Ich nahm mir eine Auszeit, versuchte herauszufinden, was ich wirklich wollte, wie ich mir die nächsten Jahrzehnte meines Lebens vorstellte. Was waren meine Werte? Was wollte ich noch erleben, was gestalten? Irgendwann kam – für mich selbst überraschend – die Idee beruflicher Selbstständigkeit auf. Bei meinen Überlegungen, wie ich diesen Wunsch Wirklichkeit werden lassen sollte, ließ ich mich vom Pippilotta-Prinzip leiten: »Ich mache mir die Welt, wie sie mir gefällt.« Es mag seltsam klingen, aber tatsächlich ist Pippi Langstrumpf mit ihrer Eigenständigkeit und Unbekümmertheit eine Figur, die mich schon seit Kindertagen fasziniert. Bis heute versuche ich, wie sie neugierig und offen durchs Leben zu gehen, mir im Kopf keine Grenzen zu setzen, stets aufgeschlossen, erwartungsvoll und wissbegierig zu sein. Kurz: Ich wertschätze meine kindliche Seite. Und das bewährt sich. Schlechte Tage voller Sorgen, Ängste und Nöte sind in meinem Leben inzwischen rar geworden.

»Ich habe keine besondere Begabung, sondern bin nur leidenschaftlich neugierig.«

Albert Einstein

Neugier scheint überhaupt die wichtigste Eigenschaft zu sein, die man für ein glückliches und erfülltes Leben braucht. Neugier öffnet Horizonte, lässt uns experimentieren, Neues entdecken, bringt uns mit anderen Menschen zusammen und schafft Gelegenheiten für glückliche »Zufälle«.

Lassen Sie uns doch mal auf Spurensuche gehen: Welche Ideen vom Leben hatten Sie als Kind? Was wollten Sie werden, was erleben? Spüren Sie in sich hinein, erwecken Sie die Träume aus vergangener Zeit wieder zum Leben.

Übung 33: Sinnsuche

Machen Sie sich auf die Suche nach den Dingen, die Sie erfüllen und bereichern, die Sie die Zeit vergessen lassen und Ihren ganzen Körper mit Glückshormonen fluten.

Beantworten Sie die folgenden fünf Fragen:

1. Was waren Ihre bevorzugten Tätigkeiten als Kind? Was oder mit was haben Sie am liebsten gespielt?

   _____
   _____
   _____

2. Welche Geschichten, Fernsehsendungen, Filme liebten Sie und warum?

   _____
   _____
   _____

3. Wer waren Ihre Idole? Was hat diese Gestalten ausgezeichnet? Welche Eigenschaften hatten sie? Was bewunderten Sie an ihnen?

_____

_____

_____

4. Was wollten Sie werden? Welche Berufe kamen in die engere Wahl? Warum haben Sie gerade diese Berufe fasziniert?

_____

_____

_____

5. Wie haben Sie sich Ihr Leben ausgemalt? Wo sollte es stattfinden? In einem anderen Land, auf einem anderen Kontinent? Am Meer, in den Bergen, auf dem Land, in einer Großstadt? Was wollten Sie anders machen als Ihre Eltern? Was sollte Ihr Leben ausmachen?

_____

_____

_____

_____

Gehen Sie nun Ihre Antworten durch. Welche Bestandteile Ihrer Kinderträume haben Sie in Ihr Erwachsenenleben mitgenommen? Was ist Ihnen abhanden gekommen? Und was sollte dringend wiederbelebt werden?

_____

_____

_____

> Haben Sie beim Stöbern in Ihren Erinnerungen Dinge entdeckt, die Sie gerne wieder in Ihr Leben integrieren möchten? Wie können Sie das vorantreiben? Wie könnten die ersten Schritte aussehen?
>
> _____
>
> _____
>
> _____

An dieser Stelle möchte ich Ihnen noch eine weitere spannende Strategie zur Veränderung mit auf den Weg geben. Es ist die Kreativitäts-Methode nach Walter Disney, dem Trickfilmpionier und Begründer der gleichnamigen Filmstudios. Robert B. Dilts, der die Methode des »Neurolinguistischen Programmierens« (NLP) mitentwickelt hat, wollte Disneys legendärer Kreativität auf die Spur kommen. Er hat ein Buch über ihn geschrieben und dazu ausgiebig mit ihm gesprochen. Seiner Meinung nach gab es drei Walt Disneys in einer Person: den Träumer, den Realisten und den Miesepeter.

Die Disney-Methode übernimmt diese drei Rollen und fügt noch eine vierte hinzu, die Rolle des Neutralen. Der Träumer ist der visionäre Kreative, der Ideenlieferant. Der Realist ist der Macher, der die Ideen konkretisiert. Der Miesepeter oder Kritiker hinterfragt und analysiert und behält im Auge, dass der kreative Prozess Hand und Fuß hat. Der Neutrale schließlich bleibt außen vor, ergreift keine Position, sondern ist Beobachter dessen, was geschieht.

Jede Idee, die Sie zur Verwirklichung Ihrer Träume haben, sollte unter dem Aspekt dieser vier Rollen betrachtet werden. Das kann mit Hilfe anderer geschehen, wobei jeweils eine Person eine der vier Rollen einnimmt. Oder Sie führen die Betrachtung für sich alleine durch. Dazu halten Sie am besten vier leere Stühle bereit, zwischen denen Sie hin und her wechseln können.

Wenn Sie die Disney-Methode alleine anwenden, beginnen Sie auf der neutralen Position und schauen sich Ihre Idee ganz sachlich und mit einer gewissen Distanz an. In den anderen drei Rollen achten Sie jeweils vor allem auf das, was Sie an der Idee begeistert (Träumer), wie Sie sie umsetzen könnten (Realist) und welche Hindernisse sich Ihnen dabei möglicherweise in den Weg stellen (Kritiker). Sie wechseln so lange die Positionen und die unterschiedlichen Wahrnehmungen, bis Sie den Eindruck haben, Ihre Idee ausreichend von allen Seiten betrachtet und durchgespielt zu haben. Zum Schluss gehen Sie wieder in die neutrale Position.

Wenn Sie diesen Prozess als Gruppen-Rollenspiel durchführen möchten, bitten Sie drei gute Freunde, die Rollen einzunehmen. Dann diskutieren Sie die Idee, bis ein abschließender Standpunkt erreicht ist. Danach wechseln Sie die Rollen und beginnen neu.

Übung 34

Wenden Sie die Disney-Methode nun auf Ihre eigenen Ideen an. Halten Sie dazu vier Stühle oder vier Blätter Papier bereit. Beschriften Sie die Blätter mit »Träumer«, »Realist«, »Kritiker« und »Neutraler« und verteilen Sie sie im Raum. Nun geht es los!

1. Nehmen Sie den neutralen Part ein. Formulieren Sie Ihr Thema. Wie lautet Ihre Zielvorstellung?

_____

_____

2. Überlegen Sie sich nun, wie der Träumer, der Realist und der Kritiker jeweils mit dieser Idee umgehen werden. Was ist es aus der jeweiligen Position heraus zu beachten? Versetzen Sie sich intensiv in jede einzelne Position und notieren Sie alles, was Ihnen in den Sinn kommt.

_____

_____

_____

_____

3. Starten Sie mit dem Träumer und begeben Sie sich zum jeweiligen Stuhl/Blatt. Wie sieht Ihre Vision aus? Lassen Sie Ihren Einfällen freien Lauf, auch wenn sie verrückt anmuten mögen.

_____

_____

_____

_____

4. Gehen Sie dann über zum Realisten, zum Umsetzer. Wie beurteilen Sie aus dessen Sicht Ihre Vision? Was muss gegeben sein, damit sie in die Realität umgesetzt werden kann? Wie sehen die ersten Schritte aus, welche Ressourcen werden benötigt?

_____

_____

_____

_____

5. Was sagt nun der Kritiker zu Ihren Ideen? Was gibt er zu bedenken, worauf müssen Sie achten? Was gibt es noch zu berücksichtigen? Was ist noch nicht ausgefeilt oder steht noch mit einem Fragezeichen versehen im Raum? Mit welchen Ressourcen sieht der Kritiker die Umsetzung? In welchem Zeitraum?

_____

_____

_____

6. Starten Sie nun mit den Anregungen und Argumenten der vier unterschiedlichen Rollen in eine zweite Runde. Füllen Sie Ihren Traum, Ihr Ziel mit aller nur möglichen Phantasie und Energie, gehen Sie die vier Rollen so lange durch, bis Sie alle Bedenken, Sorgen, Fragen ausgeräumt haben.

_____

_____

_____

7. Starten Sie dann sofort mit der Umsetzung Ihres Wunsches. Jetzt hat er genug Raum und Energie bekommen, um in die Realität transferiert zu werden.

_____

_____

_____

Sie haben jetzt alle vorbereitenden Schritte getan, um Ihre Ziele in die Tat umzusetzen. Damit sind wir beim letzten Schritt angelangt ...

7. Schritt: Ziele verwirklichen

»Die Zukunft gehört denen, die an die Wahrhaftigkeit ihrer Träume glauben.«

Eleanor Roosevelt

Sie haben sich Schritt für Schritt mit dem Wissen und den Techniken vertraut gemacht, die es braucht, um selbstbestimmt und authentisch zu leben, um die eigenen Träume ins Leben zu holen und das zu tun, was man möchte. Jetzt geht es um die konkrete Umsetzung dieses Wissens. Sie stehen nun am Steuerruder Ihres Schiffes, und durch Ihre Zielsetzungen bestimmen Sie den Kurs, um am Ort Ihrer Träume anzukommen. Dabei wird es Zwischenziele geben: kurzfristige und mittelfristige Bestimmungsorte. Sie werden Ihr Schiff durch ruhige Gewässer, aufgewühlte Wassermassen und Sturmtiefs navigieren. Je klarer der Kurs, umso angenehmer und komfortabler die Reise.

Damit Ihnen unterwegs nicht die Puste ausgeht, verrate ich Ihnen hier noch die fünf Geheimnisse der Motivation:

1. *Positive Formulierung:* Ein Ziel muss immer positiv formuliert sein! Unser Gehirn kann mit Begriffen wie »kein«, »nicht«, »weniger« nichts anfangen, kann diese Begrifflichkeiten nicht verwerten.

Wenn Sie sich also beispielsweise in den nächsten Monaten auf den Weg zu Ihrem Traumjob machen, sollte die Zielformulierung nicht lauten: »Ich möchte einen Job, bei dem ich nicht die Arbeit aller anderen mitmachen muss.« Eine positive Formulierung wäre: »Ich wünsche mir einen Job, bei dem ich ein großes Maß an Freiheit habe und mein Arbeitsgebiet ganz klar definiert ist.« An dieser Stelle müsste die Konkretisierung von »Freiheit« und des Arbeitsgebiets folgen.

2. *Visualisierung:* Führen Sie sich Ihr Ziel im Wortsinne vor Augen. Drehen Sie einen inneren Film: Wie sieht es aus, wenn Sie beispielsweise Ihren Traumjob gefunden haben? Stellen Sie sich vor, wie Sie etwa an Ihrem neuen Schreibtisch sitzen, die Kollegen gerne bei Ihnen vorbeischauen, wie Sie ein wichtiges Meeting leiten oder eine Präsentation halten. Und natürlich auch, welche Freude und Lebendigkeit Sie bei dieser neuen Herausforderung empfinden.

3. *Erreichbarkeit:* Ihr Ziel muss aus eigenem Ermessen erreichbar sein. Sie sollten nicht darauf angewiesen sein, dass andere etwas Bestimmtes tun, damit Sie Ihr Ziel erreichen. Bleiben wir beim Beispiel Traumjob: Um diesen Job zu erhalten, sollten Sie alle nötigen Qualifikationen haben oder aber erwerben. Zu hoffen, man bekäme etwa einen tollen Marketing-Job ohne eine entsprechende Aus- oder Weiterbildung in diesem Bereich, wäre utopisch.

4. *Terminiert und messbar:* Um bei der Stange bleiben zu können, ist es wichtig, die Zielerreichung messbar zu machen. Entwerfen Sie also einen realistischen Zeitplan. Beispielsweise: »Ich möchte binnen sechs Monaten von heute an, (Datum), bis spätestens (Datum) einen Job gefunden haben, der folgende Kriterien beinhaltet: Gehalt höher als (Betrag), Führungsverantwortung (ja/nein, wie viele Mitarbeiter), Aufgabengebiet, Arbeitsort (Entfernung zum Wohnort).«

Sie können hier übrigens auch sehr gut mit der BC/RC/WC-Strategie arbeiten (vgl. S. 212).

5. *Umsetzung:* Wie sehen die einzelnen Schritte auf dem Weg zum Ziel aus? Was muss zuerst, was später, was zuletzt getan werden? Im Falle der Jobsuche würden Sie beispielsweise zuerst Ihre Bewerbungsunterlagen auf Vordermann bringen, dann Ihr persönliches Netzwerk wissen lassen, dass Sie auf der Suche sind,

gleichzeitig Stellenanzeigen in den einschlägigen Medien sichten usw.

> **Übung 35: Zieldefinition**
> Nun sind Sie an der Reihe! Fangen Sie an, Ihr Ziel nach den obigen fünf Regeln genau zu definieren und die Zeitachse Ihrer Aktivitäten festzulegen:
>
> _____
>
> _____
>
> _____
>
> _____

Als ich mich vor fast sieben Jahren auf den Weg in die Selbstständigkeit machte, hatte ich unzählige Wünsche, Ideen, Ziele. Ich musste erst lernen, Prioritäten zu entwickeln und Schritt für Schritt voranzugehen. Zu viel Veränderungen und Herausforderungen auf einmal wirken lähmend. Nur allzu schnell sehnt man sich dann in die trügerische Sicherheit des Vergangenen zurück. Die Erfahrung zeigt, dass es sinnvoll ist, maximal drei Ziele gleichzeitig zu definieren und umzusetzen. Teilen Sie Ihre Ziele am besten nach kurzfristig (Wochen), mittelfristig (Monate) und langfristig (Jahre) ein. Haben Sie die drei bearbeitet, können weitere ins Auge gefasst werden.

Ja, und jetzt sind Sie dran. Sie haben nun alles an der Hand, was Sie brauchen, um sich neu zu erfinden. Ich wünsche Ihnen viel Freude auf Ihrem Weg zu einem selbstbestimmten Leben. Genießen und feiern Sie die Erfolge, die sich einstellen werden! Freuen Sie sich daran, wie die Dinge, die Sie lieben, in Ihrem Leben immer mehr Raum einnehmen, und lassen Sie andere an dieser Freude teilhaben!

L – Lieben Sie das, was Sie tun!

Wir haben beim Thema Veränderung noch nicht über das wichtigste Organ in unserem Körper gesprochen, das all unsere Lebensfunktionen und Emotionen steuert sowie unsere Gedanken generiert. Fest steht: Das Gehirn liebt Veränderungen, und es wird Sie tatkräftig dabei unterstützen, die Person zu werden, die Sie gerne sein möchten. Stillstand und das Verharren in gewohnten Routinen ist für die Nervenzellen unseres Gehirns gleichbedeutend mit Rückschritt. Wagen Sie sich hingegen auf neues Terrain vor, wird Ihr Gehirn in kurzer Zeit neue Verbindungen zwischen den Nervenzellen aufbauen. Mit diesen neuronalen Netzwerken sind Sie bestens gerüstet für alles, was Sie in Angriff nehmen wollen.

Was noch besser ist: Wenn Sie den Mut aufbringen, sich an Neues heranzuwagen, wird Ihr Gehirn Sie dafür belohnen. Wenn wir neue Verhaltensweisen lernen und ausprobieren, sorgt der Nucleus accumbens, eine Struktur in unserem Vorderhirn, dafür, dass Botenstoffe ausgeschüttet werden, die uns glücklich machen. In ihrer Wirkung ähneln diese Stoffe bestimmten Substanzen wie etwa Kokain oder Amphetaminen. Neues zu lernen ist also eine Art Droge.

Ich habe lange geglaubt, dass zu lesen und mir mit Hilfe von Büchern neues Wissen anzueignen nicht meine Sache sei – ein Denkmuster, das höchstwahrscheinlich in meiner Kindheit geprägt wurde. Lange tat ich mich schwer mit dem Lernen – bis ich mein Thema entdeckte: die Menschenkenntnis. Sie ist der rote

L – Lieben Sie das, was Sie tun! 233

Faden in meinem Leben, der mich zu immer neuen Interessensgebieten führt, die mit diesem Kernthema verknüpft sind. Seither lese ich fasziniert Buch um Buch, spreche mit anderen über das, was ich gelesen habe, und kann förmlich spüren, wie sich die Knoten in meinem Gehirn lösen und neue Verbindungen entstehen. Wenn auch Sie Ihr Lebensthema schon gefunden haben, werden Sie dieses Freudenfeuerwerk aus eigener Erfahrung kennen. Und falls das noch nicht der Fall sein sollte: Suchen Sie weiter! Sie werden fündig werden – und ganz nebenbei: Wenn Sie erst einmal das Glück genießen, bei sich selbst angekommen zu sein, wird kein Arschloch dieser Welt Ihnen noch irgendetwas anhaben können ...

Halten Sie die Augen offen für die Gelegenheiten in Ihrem Leben. Haben Sie den Mut, Pläne umzuwerfen und spontan Chancen zu nutzen, die Ihnen der Zufall bietet (der ja vielleicht gar nicht so zufällig ist?). Es ist wissenschaftlich bewiesen, dass offene, neugierige Menschen, die auch mal was riskieren, die glücklicheren sind. Mut wird belohnt, und die positiven Gefühle, die mutige Aktionen uns verschaffen, motivieren uns wiederum dazu, auch bei der nächsten sich bietenden Gelegenheit wieder mutig zu sein. So kommen Verhaltens- und Denkmuster in Gang, die Ihr Leben komplett umkrempeln können.

Lassen Sie uns doch einmal nachschauen, wie begeisterungsfähig Sie sind. Sehen Sie sich dazu die folgenden zehn Aussagen an:

1. Wann haben Sie sich zuletzt so richtig für etwas begeistern können?
    a) Gerade eben.
    b) Oh, da muss ich lange nachdenken.
    c) Immer mal wieder.

2. Rumblödeln, Lachen, sich wie ein Kind benehmen ...
   a) ... ist ab einem gewissen Alter einfach nur noch albern.
   b) ... gehört ab und zu zum Leben dazu.
   c) ... brauche ich, um mich kraftvoll und lebendig zu fühlen.

3. Abwechslung ...
   a) ... versuche ich ab und an herbeizuführen.
   b) ... brauche ich nicht; ich setze auf Routine.
   c) ... ist mein Lebensmotor. Routine langweilt mich.

4. Die Träume aus meiner Kindheit ...
   a) ... lebe ich jeden Tag.
   b) ... habe ich längst vergessen.
   c) ... krame ich ab und an noch hervor.

5. Zeit mit Kindern erlebe ich ...
   a) ... als etwas Nervenaufreibendes.
   b) ... als anstrengend.
   c) ... als etwas Inspirierendes.

6. Wenn ich ein paar Millionen im Lotto gewinnen würde, ...
   a) ... würde ich endlich meine Träume umsetzen.
   b) ... würde mein Leben genauso weitergehen wie bisher.
   c) ... würde ich das Geld gut anlegen, damit ich bis zum Lebensende etwas davon hätte.

7. Wenn mich ein Mensch verletzt hat, ...
   a) ... möchte ich nichts mehr mit ihm zu tun haben.
   b) ... versuche ich ihm zu verzeihen.
   c) ... versuche ich zu verstehen, was dahintersteckt.

L – Lieben Sie das, was Sie tun!

8. Negative Erfahrungen ...
   a) ... motivieren mich, das Gute darin zu sehen.
   b) ... verbuche ich als Zuwachs an Lebenserfahrung.
   c) ... ziehen mich wochenlang runter.

9. Neue Trends ...
   a) ... halte ich für überflüssigen Schnickschnack.
   b) ... schaue ich mir aus der Distanz an.
   c) ... probiere ich aus, vielleicht macht es ja Spaß.

10. Meine Lebensgewohnheiten ...
    a) ...sind immer gleich.
    b) ... können je nach Ort und Situation wechseln.
    c) ... verändern sich ständig.

Auswertung:

	1	2	3	4	5	6	7	8	9	10
a	A	C	B	A	C	B	C	A	C	C
b	C	B	C	C	B	A	B	B	B	B
c	B	A	A	B	A	C	A	C	A	A

Bei welchem Buchstaben haben Sie die meisten Antworten?

Bei A? Wunderbar – dann sind Sie ein sehr begeisterungsfähiger Mensch, der seine Chancen nutzt und dabei Schätze für sein Leben hebt. Sie leben selbstbestimmt und erfüllt, weil Sie stets mit offenen und neugierigen Augen durchs Leben gehen. Ich wünsche Ihnen dabei weiterhin viel Freude ... und stecken Sie den einen oder anderen mit Ihrer Lebenslust an!

Bei B? Dann sind Sie eine Art »Teilzeit-Enthusiast«: Sie gönnen sich ab und an den Luxus, aus Ihren Routinen auszubrechen. Wie fühlt sich das an? Was machen diese Spritztouren ins wahre Leben mit Ihnen? Überlegen Sie, wie Sie noch mehr Gelegenheiten in Ihr Leben bringen können, sich leicht, freudig und unbeschwert zu fühlen. Die Tipps auf den folgenden Seiten werden Ihnen dabei helfen. Viel Freude dabei!

Bei C? Dann sind Sie der Routinierte. Alles in Ihrem Leben folgt einem Plan – das gibt Ihnen ein Gefühl von Sicherheit und Komfort. Auch wenn Sie mir das jetzt vielleicht übelnehmen: Diese Sicherheit kann trügerisch sein, und oft genug hält das Leben Überraschungen für uns bereit, die unsere Routinen auf den Kopf stellen. Vielleicht kann ich Ihnen ja doch Lust machen, den Entdeckungs- und Erkundungsdrang, den Sie als Kind verspürt haben, in sich wieder neu zu aktivieren? Die Chancen, dass Sie dabei auf Dinge stoßen, die Ihnen so richtig Spaß machen, ist hoch. Probieren Sie's aus ...

Wie aktiviert man denn nun das Belohnungssystem des Gehirns, diese natürliche Droge, die uns Glück und Erfüllung verschafft? Ganz einfach:

- Finden Sie heraus, was Sie begeistert. Falls Sie nicht wissen, was das sein könnte: Auf Seite 233ff. können Sie sich auf die Suche nach Ihren Kindheitsträumen begeben – sie bieten oft erste Anhaltspunkte oder auch konkrete Aufhänger.
- Machen Sie im Alltag Dinge anders als sonst: Gehen Sie zu Fuß, statt mit der Bahn zu fahren, wählen Sie einen anderen Weg zur Arbeit, fangen Sie in der Warteschlange mit Ihrem Vorder- oder Hintermann ein Gespräch an, beschäftigen Sie sich mit anderen Kulturen, kochen Sie exotische Gerichte, gehen Sie alleine auf ein Netzwerkevent oder ins

Kino. Planen Sie Ihren nächsten Urlaub an einem Ort, an dem Sie noch nie waren, probieren Sie neue Sportarten aus, essen Sie von nun an jede Woche mindestens einmal etwas, das Sie noch nicht kennen ... ich könnte diese Liste endlos weiterführen.
- Stellen Sie sich den Dingen, die Sie nicht mögen. Dieser Tipp ist nicht auf meinem Mist gewachsen. Er stammt von Todd Kashdan, einem amerikanischen Professor der Psychologie und Buchautor. Also: Wenn Sie Klassik-Fan sind, können Sie eine der neuen Pop-CDs probehören, deren Besprechung Sie in der Zeitung normalerweise gleich überblättern. Als Sportmuffel können Sie Jogging oder Zumba angehen, als Angsthase einen Tandemsprung wagen, als Introvertierter einen Abend lang wildfremde Menschen anquatschen. Todd Kashdan hat in seinen Studien mit dieser Art von Versuchsanordnung großartige Erfahrungen gemacht. Seine Versuchspersonen waren gehalten, der neuen Aktivität ganz bewusst zu begegnen und sich mindestens drei Dinge dazu zu notieren, die für sie völlig neuartig waren. Ein 18-jähriger Sportler wurde von Kashdan dazu verdonnert, einen Häkelkurs zu absolvieren – für den jungen Mann das Grauen schlechthin. Nach dem ersten Kurstermin notierte er: Häkeln ist ganz schön anstrengend für die Finger und Hände. Häkeln kann eine hochmeditative und entspannende Tätigkeit sein. Und: Man kann sich eigentlich alles häkeln, was man möchte. Kashdan befragte seine Probanden einige Wochen nach dem Experiment erneut, und siehe da: Die meisten von ihnen hatten die einst ungeliebte Tätigkeit eigenständig und freiwillig fortgesetzt.

Übung 36

Damit kommen wir zu Ihrer nächsten Übung. Wenn es nach mir geht, müssen Sie nicht gleich mit dem Häkeln beginnen oder Gleitschirm fliegen lernen. Überlegen Sie jedoch:

1. Welche kleinen Veränderungen möchten Sie in Ihrem Leben vornehmen, um Ihrer Begeisterungsfähigkeit auf die Sprünge zu helfen? Definieren Sie mindestens fünf solcher Veränderungen.

2. Denken Sie an Kashdans Experimente und wählen Sie sich eine Tätigkeit aus, die Sie langweilt, vor der Sie Angst haben, die Sie für uninteressant halten. Lassen Sie sich nun für zwei bis drei Stunden voll und ganz auf diese Tätigkeit ein und schauen Sie wie Kashdans Sportcrack, welche drei neuen, besonderen, einzigartigen Erfahrungen dabei auftauchen. Notieren Sie sich diese.

»Begeisterung ist darum so schätzenswert, weil sie der menschlichen Seele die Kraft einflößt, ihre schönsten Anstrengungen zu machen und fortzusetzen.«

Samuel Smiles

Die Macht der Visionen

Vor vielen Jahren kam ein junger Mann nach Hause zu seinen Eltern und informierte sie darüber, dass er sein Studium abbrechen und zusammen mit seinem Freund neuartige Computer-Software herstellen wollte. Die Eltern waren nicht gerade begeistert, glaubten sie doch daran, dass man es im Leben nur mit einer soliden Ausbildung zu etwas bringt. Doch da sie ihren Sohn und dessen Willenskraft kannten, glaubten sie an seine Vision und unterstützen ihn mit 20 000 Dollar Startkapital. Außerdem überließen sie den beiden jungen Männern ihre Garage als Testgelände. Die beiden jungen Männer hießen Paul Allen und Bill Gates. Ihre Vision lautete: Unser Software soll irgendwann auf jedem Computer laufen. Den Rest der Geschichte kennen Sie …

Gates und Allen gehören heute zu den reichsten Männern der Welt, und über der Erfolgsgeschichte von Microsoft vergisst man leicht, dass Visionen nicht von heute auf morgen zu Erfolgsgeschichten werden. Edison, der Erfinder der Glühbirne, war nach zahllosen Versuchen fast am Ende seiner Kraft und seiner finanziellen Mittel, als ihm doch noch der Durchbruch gelang.

Es braucht also einen langen Atem und eine immer wieder erneuerte Motivation, um eine Vision in die Tat umzusetzen. Beides erwächst aus Begeisterung. Ohne sie geht es nicht. Man muss lieben, was man tut.

Ich selbst habe die Macht der Vision erstmals im Jahr 2007 zu spüren bekommen. Ich weiß sogar noch den genauen Tag: Es war der 21. Oktober. An diesem Tag war ich Teilnehmerin eines Seminars bei Pierre Franckh mit dem Titel »Erfolgreich wünschen«. Ich war zu diesem Zeitpunkt fest installiert in meinem Geschäftsführerposten bei einer großen, international bekannten Parfümeriekette. Klar, ich war oft müde, arbeitete viele Stunden pro Woche, und die Tätigkeit verlangte mir alles ab. Aber sie erfüllte mich auch. Dachte ich zumindest. Aber dann hörte ich mich bei einem Rollenspiel mit vier anderen Teilnehmern plötzlich laut, deutlich und mit fester Stimme sagen: »Ich bin erfolgreich selbstständig!« Ich war total verblüfft. An diesem Abend ging ich sehr nachdenklich nach Hause. Selbstständig sein, wollte ich das wirklich? Und wenn ja, womit?

Meine Aussage bei dem Seminar ließ mich nicht mehr los. Sie entwickelte sich weiter zur Idee und schließlich zur begeisternden Vision. Schon im Mai 2008 gründete ich mein Unternehmen »TS HEAD WORKS«. Bereits seit einigen Jahren hatte ich mich in Sachen Menschenkenntnis weitergebildet, hatte mich in der Physiognomik, der Kunst des Gesichterlesens, und der Körpersprache ausbilden lassen. Bisher war das eine Nebenbeschäftigung gewesen. Jetzt sollte es meine Hauptarbeit werden. Ich wollte mein Wissen an andere weitergeben und Menschen dabei unterstützen, mehr Bewusstsein für sich selbst und andere zu entwickeln. Also krempelte ich meine Ärmel hoch und mein bisheriges Leben um. Vielen Menschen in meinem Umfeld gefiel das nicht. Sie qualifizierten meine Vision als unrealistisch ab und mich als Träumerin – und dann machten sie sich aus dem Staub. Das war eine schmerzhafte Erfahrung, doch meine Vision war stark und trug mich weiter. Ich formulierte meine Ziele und visualisierte sie mit Hilfe von Collagen, wie sie auf Seite 104 vorgestellt werden. Vor einigen Tagen habe ich die Ziele, die ich im Januar 2010 für mich zu Papier gebracht hatte, noch einmal herausgesucht. Sie lauteten:

2010 will ich ein Buch schreiben und bei einem Verlag unterbringen. 2011 soll es erscheinen. Im Jahr 2010 will ich für 80 Seminartage gebucht sein, im Jahr 2011 für 100 Seminartage. 2011 will ich Vorträge vor 1000 und mehr Menschen halten. Alle diese Ziele haben sich mehr als erfüllt. Im Frühjahr 2011 erschien mein erstes Buch *Ich weiß, wer du bist* und wurde zum Bestseller, und noch im selben Jahr folgte mein zweites, ebenfalls erfolgreiches Buch *Ich weiß, wie du fühlst*. Inzwischen habe ich mehrere tausend Menschen mit meinen Vorträgen und Seminaren zum Hinschauen, Wiedererkennen, Nachdenken und Lachen motiviert. Ich habe andere bei ihrem Start in die Selbstständigkeit unterstützt, bin »Hebamme« mehrerer Bücher und Buchideen geworden und habe zahlreichen Menschen ihre Fähigkeiten und Einzigartigkeit nahegebracht.

Immer zu Beginn eines Jahres definiere ich meine neuen Visionen und Ziele, mit denen ich mich von da an täglich auseinandersetze, damit sie mir in Fleisch und Blut übergehen. Meine Trefferquote liegt am Ende des Jahres bei 60 bis 70 Prozent. Die nicht verwirklichten Ziele sehe ich mir noch einmal genau an: Habe ich sie präzise genug formuliert? Gibt es irgendwo in mir Widerstände dagegen, denen ich nicht genügend Rechnung getragen habe? Nach dieser Überprüfung übernehme ich die Ziele entweder ins Folgejahr oder stelle sie erst einmal zurück.

Ich bin überzeugt, dass mein Erfolg unter anderem auch darin begründet ist, dass ich liebe, was ich tue. Es macht mir Freude, im direkten Kontakt mit Menschen zu arbeiten, sie im Coaching dabei zu unterstützen, ihre eigenen Visionen zu entwickeln, bei meinen Vorträgen die Resonanz meines Publikums zu spüren und das Handwerkszeug, mit dem ich arbeite, in meinen Büchern anderen zugänglich zu machen. Diese Freude, verbunden mit einer grundsätzlichen Zugewandtheit zu anderen Menschen, dem Willen zum Erfolg, dem Glauben an sich selbst und der Faszination für die eigene Materie, ist die Zutat, die es braucht, um für eine Sache zu brennen und andere dafür begeistern zu können.

»Motivation hängt zusammen mit Begeisterungsfähigkeit, mit Sinngebung, mit Visionen – und zwar aus mir selbst heraus.«

Reinhold Messner

Übung 37
Welche Visionen haben Sie? Was würden Sie gerne noch umsetzen, ausprobieren, was würden Sie aus Ihrem Leben gerne hinterlassen? Notieren Sie sich mindestens drei Ideen, egal, wie verrückt sie Ihnen erscheinen mögen. Die Liste ist nur für Sie!

Übrigens: Wussten Sie, dass die meisten älteren Menschen im autobiographischen Rückblick nicht die Fehler betrauern, die sie gemacht haben, sondern die Chancen, die sie nicht ergriffen haben, die verpassten Gelegenheiten? Ganz schön traurig, wie die folgenden Zeilen von Jorge Luis Borges zeigen.

L – Lieben Sie das, was Sie tun!

Wenn ich mein Leben noch einmal leben könnte ...
Wenn ich mein Leben noch einmal leben könnte,
würde ich versuchen, mehr Fehler zu machen.
Ich würde nicht so perfekt sein wollen, ich würde mich mehr entspannen.

Ich wäre ein bisschen verrückter, als ich gewesen bin,
ich würde viel weniger Dinge so ernst nehmen.
Ich würde nicht so gesund leben.

Ich würde mehr riskieren, würde mehr reisen,
Sonnenuntergänge betrachten,
mehr bergsteigen, mehr in Flüssen schwimmen.

Ich war einer dieser klugen Menschen,
die jede Minute ihres Lebens fruchtbar verbrachten;
freilich hatte ich auch Momente der Freude,
aber wenn ich noch einmal anfangen könnte,
würde ich versuchen, nur mehr gute Augenblicke zu haben.

Falls du es noch nicht weißt,
aus diesen besteht nämlich das Leben;
nur aus Augenblicken, vergiss nicht den jetzigen!

Wenn ich noch einmal leben könnte,
würde ich von Frühlingsbeginn an bis in den Spätherbst hinein
barfuß gehen.
Und ich würde mehr mit Kindern spielen,
wenn ich das Leben noch vor mir hätte.
Aber sehen Sie – ich bin 85 Jahre alt und weiß,
dass ich bald sterben werde.

Sie haben jetzt, hier und heute die Gelegenheit, die Dinge zu ändern, Ihre Visionen zu definieren, Ihr Leben zu verändern, sich freizumachen von überholten Denkmustern und inneren Einschränkungen. Worauf warten Sie noch …?

Last but not least: Tun Sie Gutes und sprechen Sie darüber!

Ich habe unzählige Klienten, die gut sind in dem, was sie tun. Die grandiose Ideen haben, auf ihrem Gebiet wahre Genies sind und gerne weiterkommen, Karriere machen, etwas erreichen und hinterlassen möchten. Alle diese Menschen sind fleißig, ausdauernd und anpassungsfähig.

Leider sind es genau diese Menschen, die bei Beförderungen übergangen, bei Buchungen für Weiterbildungen vergessen, bei der Neupositionierung von Unternehmen nicht in Betracht gezogen werden. Kennen Sie den Grund dafür?

Diese Menschen werden vergessen, weil ihr Wunsch weiterzukommen nicht in ihre Selbstdarstellung eingegangen ist. Sie haben ihre Ziele nicht nach außen kommuniziert, so dass diese von anderen nicht wahrgenommen werden konnten.

Falls es Ihnen so gehen sollte, dass Sie sich immer wieder mal übergangen und verkannt fühlen, fragen Sie sich, was Sie davon abhält, aus Ihrem eigenen Schatten zu treten und die Welt von Ihrem Wissen, Ihren Fähigkeiten, Ihrem Charisma zu überzeugen. Haben Sie eventuell Denkmuster wie »Eigenlob stinkt« oder »Nur durch Leistung kommt man weiter« allzu tief verinnerlicht?

Ich will Ihnen eine Geschichte aus meinem Alltag erzählen, die deutlich macht, wie wichtig es ist, über das zu sprechen, was man zu bieten hat. Ich stehe regelmäßig als Vortragsrednerin auf der Bühne – und ich würde dies gern noch öfter tun. Kollegen aus meiner Branche sind an mehr Tagen im Jahr gebucht. Vor einigen Jahren hatte ich als Teilnehmerin eines großen Kongresses Gelegenheit, mir einen Redner nach dem anderen anzuhören und zu betrachten. Die Vorträge waren ganz unterschiedlich. Manche waren mitreißend, andere langweilig, wieder andere irgendwo dazwischen – aber ausnahmslos alle Redner flochten in ihren Vortrag den Hinweis ein, dass man sie für Veranstaltungen buchen könne, dass sie Bücher geschrieben hätten und dass sie als Berater bei großen Firmen schon einiges bewegt hätten. Ich hatte das jahrelang nicht gemacht.

Von da an änderte ich meine Selbstdarstellung. Ich musste es ja nicht gleich machen wie einer meiner Kollegen, der bei seinen Vorträgen ein knallrotes Stirnband mit seiner Homepage darauf trägt. Aber auf mein Dienstleistungsangebot weise ich seither ebenfalls gerne hin. Meist tue ich das in scherzhafter Form und sage etwa: »Ich bin buchbar, koste weniger als ein Kleinwagen, und das Wissen bleibt länger als 100 000 Kilometer bei Ihnen. Was will man mehr?« Auf diese Weise ernte ich Lacher und habe klar kommuniziert, wo meine Wünsche liegen.

Ist diesbezüglich auch bei Ihnen noch Luft nach oben? Nachdem Sie bei der Lektüre dieses Buches intensiv über Ihre Stärken, Ihre Einzigartigkeit, Ihre Visionen und Ihre Ziele nachgedacht haben, müsste es doch ein Leichtes sein, publikumswirksam und zutreffend zu definieren, wer Sie sind und was Sie ausmacht.

> **Übung 38**
> Wenn das, was Sie leisten, als Werbespot erscheinen würde, wofür würde geworben werden? Nehmen Sie sich ein paar Minuten Zeit und definieren Sie Ihre Selbstvermarktungsstrategie.
>
> _____
>
> _____
>
> _____
>
> _____
>
> _____
>
> _____
>
> _____
>
> Hat Ihre Strategie »Elevator pitch«-Qualität? Der Ausdruck bedeutet so viel wie »Aufzugspräsentation« und steht für ein Verkaufsgespräch, das während einer Aufzugfahrt von 30 Sekunden durchgeführt werden kann. Schaffen Sie es, Ihre Botschaft so prägnant auf den Punkt zu bringen? Üben Sie es mit Hilfe Ihrer obigen Notizen. Wie können Sie in aller Kürze Ihren Vorgesetzten wissen lassen, dass Sie gern den nächsten Schritt in Sachen Karriere machen würden? Wie überzeugen Sie kurz und knapp einen Neukunden von dem, was Sie zu bieten haben?
> Wenn Sie Ihre Botschaft auf eine kurze, knackige Form gebracht haben, wagen Sie sich damit auf die freie Wildbahn und probieren Sie sie aus. Sie werden staunen, in welchem Maße sich so ein »Elevator pitch« als Einstieg für ein Gespräch eignet, nach dem Menschen, die Ihnen wichtig sind, Sie mit anderen Augen sehen werden.

Zum guten Schluss gebe ich Ihnen noch die drei Erfolgsrezepte der richtig guten Selbstdarsteller mit auf den Weg. Sie lauten:

1. *Sich entscheiden ohne Wenn und Aber.*
Sie müssen sich für eine neue Richtung in Ihrem Leben, für Ihren Traum, Ihre Vision ganz klar und bewusst entscheiden, mit allen Konsequenzen.

2. *Sich verpflichten.*
Sie haben von nun an ein Commitment, eine Zielvereinbarung mit sich selbst. Sie haben sich entschieden, einen neuen Weg einzuschlagen, Ihr Potenzial auszuschöpfen, Sie selbst zu sein, in guten wie in schlechten Zeiten. Das ist ein Versprechen an sich selbst!

3. *Handeln.*
Setzen Sie um, was Sie sich versprochen haben. Legen Sie jetzt los. Wege entstehen dadurch, dass man sie geht.

> »Nicht weil die Dinge unerreichbar sind, wagen wir sie nicht; weil wir sie nicht wagen, bleiben sie unerreichbar.«
>
> *Seneca*

Zum Schluss ...

... bleibt mir einmal mehr, Ihnen dafür zu danken, dass Sie mit mir die Reise durch dieses Buch gemacht haben. Ich freue mich, wenn sie Ihnen dazu verhilft, die Lücke zwischen dem, was Sie sind, leisten und können, und der Art, wie Sie gesehen werden, zu schließen. Wenn Sie das geschafft haben, besteht auch für andere kein Zweifel mehr daran, dass Sie bei sich angekommen sind und für sich einstehen – jederzeit. Arschlöchern bieten Sie dann keine Angriffsfläche mehr. Deren unerschütterliches Selbstvertrauen haben Sie sich längst abgeschaut – mit dem Unterschied, dass Ihr Selbstvertrauen fundiert ist durch echte Selbsterkenntnis. Damit ausgerüstet können Sie dem Treiben der Arschlöcher nun ganz gelassen zusehen. Sie macht keiner mehr klein.

Denn Sie wissen: Für ein glückliches, selbstbestimmtes Leben braucht es die *Akzeptanz* dessen, dass das Leben da ist, um zu lernen. Sie nehmen die Dinge, wie sie kommen, und bewahren sich dabei die *Zuversicht*, dass Sie an den Erfahrungen, die Sie machen, wachsen und sich weiterentwickeln werden. Sie *vertrauen* dabei auf das, was Sie schon wissen und können. Sie übernehmen die *Verantwortung* für sich und Ihr Leben, Sie setzen Ihre Grenzen und leben nicht das Leben der anderen. Wohl aber wissen Sie, dass es ohne die anderen und ihre Hilfe, ihr Vertrauen nicht geht: Sie sind *bezogen auf andere*. Wenn Probleme auftauchen, sind Sie *lösungsorientiert*. Und schließlich haben Sie eine *Perspektive:* Sie kennen Ihre Ziele und Bedürfnisse und wissen, was Sie erreichen wollen. Gehen Sie's an. Sie haben es sich verdient.

Herzlich,
Ihre Tatjana Strobel

P.S.:
Natürlich bin ich sehr gespannt auf Ihre Erlebnisse und Erfolge in Sachen Selbstdarstellung und Umgang mit Arschlöchern. Wenn Sie wollen, schicken Sie sie mir auf Facebook/Tatjanastrobel.

Anhang

Checkliste für den optimalen ersten Eindruck, bei dem Sie Selbstbewusstsein vermitteln und Sympathiepunkte sammeln:

- Ihre Kleidung ist dem Anlass angemessen. Fragen Sie sich: Was will ich erreichen? Worin fühle ich mich wohl?
- Sie achten auf Körperhygiene, gepflegte Hände, dezentes Parfüm, dezentes Make-up.
- Gesprächsvorbereitung: Klären Sie vorher, was Sie sich von dem Gespräch wünschen, was Ihre Ziele und Absichten sind.
- Pünktlichkeit: Insbesondere bei Geschäftsterminen sollten Sie genügend Zeit einplanen, um Ihrem Gesprächspartner gelassen und rechtzeitig gegenübertreten zu können.
- Händedruck: Zwei bis drei Sekunden lang, nicht zu fest, nicht zu locker, mit Berührung der Handinnenfläche. Ihr Daumen umschließt die Hand des anderen.
- Lächeln!
- Aufrechter Gang und Stand mit guter Körperspannung und offener Bein- und Armhaltung.
- Regelmäßiger Blickkontakt von jeweils etwa zwei bis drei Sekunden.

- Insbesondere wenn Sie reden, ist es zentral, dass Sie den anderen häufig anschauen, um den Kontakt nicht zu verlieren.
- Berühren Sie den anderen kurz an Ober- oder Unterarm.
- Ihre Fußspitzen zeigen zum anderen hin.
- Ihr Mund ist leicht geöffnet, durch Hörersignale oder kurze Kommentare zeigen Sie an, dass Sie ganz bei der Sache sind.
- Sie spiegeln die Aussagen des anderen und wählen Ihren Wortschatz gemäß dessen bevorzugtem Sinneskanal.
- Sie sprechen mit fester, klarer Stimme, nicht zu schnell und ohne zu nuscheln.
- Sie benutzen eine bildhafte Sprache und verknüpfen Ihre Inhalte mit Geschichten.
- Sie verzichten auf Füllworte und Verallgemeinerungen und vermeiden das Wort »eigentlich«.
- Sie stellen offene Fragen, die Ihr Gegenüber nicht einfach mit Ja oder Nein beantworten kann, und bemühen sich, in einen aktiven Dialog mit dem anderen zu kommen.

Welche Werte sind Ihnen wichtig?

Kreuzen Sie spontan alle Werte an, die Ihnen wichtig sind.

Ich wünsche mir in meiner Beziehung/von meinem Partner …

Abwechslung	Achtung	Aktivität
Attraktivität	Aufmerksamkeit	Aufrichtigkeit
Außergewöhnlichkeit	Begeisterung	Behutsamkeit
Beständigkeit	Bildung	Bodenständigkeit
Dauerhaftigkeit	Direktheit	Dynamik
Echtheit	Ehrlichkeit	Ernsthaftigkeit

Welche Werte sind Ihnen wichtig?

Erfolg	Fairness	Familienglück
Feinfühligkeit	Flexibilität	Freigiebigkeit
Freude	Geduld	Gelassenheit
Geradlinigkeit	Gerechtigkeit	Gewissenhaftigkeit
Großzügigkeit	Güte	Hingabe
Humor	Innere Harmonie	Integrität
Kameradschaft	Klugheit	Lebendigkeit
Luxus	materiellen Wohlstand	Mitgefühl
Naturverbundenheit	Optimismus	Ordentlichkeit
Pragmatismus	Pünktlichkeit	Religiosität
Respekt	Sanftmut	Selbstsicherheit
Sensibilität	Sicherheit	Souveränität
Spaß	Spontaneität	Sportlichkeit
Stil	Toleranz	Treue
Verlässlichkeit	Zuverlässigkeit	

Versuchen Sie nun, aus den Werten, die Sie angekreuzt haben, 15 auszuwählen, die Sie am wichtigsten finden. Erstellen Sie im nächsten Schritt eine Tabelle, in der Sie diese 15 Werte notieren. Bewerten Sie sie mit 1 (ist mir sehr wichtig), 2 (ist mir wichtig) und 3 (ist mir nicht ganz so wichtig) – dies wird Ihnen dabei helfen, im nächsten Schritt Ihre Top 7 zu ermitteln:

Ihre Werte		
1	2	3

Sie haben die Qual der Wahl ... notieren Sie die sieben Werte, die Sie vermutlich aus der Kategorie 1 und 2 auswählen werden, auf einem neuen Blatt unter A bis G:

A:
B:
C:
D:
E:
F:
G:

Haben Sie's? Dann sehen Sie sich jetzt das erste Wertepaar (A und B) an, und schauen Sie, welcher Wert Ihnen wichtiger ist. Machen Sie um diesen Buchstaben jeweils einen Kringel.

A	A	A	A	A	A
B	C	D	E	F	G

Weiter geht's: Vergleichen Sie nun Wert B mit den verbleibenden anderen Werten ... und so immer weiter, bis Sie bei G sind:

B	B	B	B	B
C	D	E	F	G

Welche Werte sind Ihnen wichtig?

C	C	C	C
D	E	F	G

D	D	D
E	F	G

E	E
F	G

F
G

Gesamt A:
Gesamt B:
Gesamt C:
Gesamt D:
Gesamt E:
Gesamt F:
Gesamt G:

Schauen Sie nun: Bei welchem Buchstaben ist die Gesamtzahl am höchsten? Der bestreffende Wert hat für Sie die höchste Priorität. Der Buchstabe mit der zweithöchsten Gesamtzahl bildet Ihren zweitwichtigstens Wert ab usw.

Literatur

Braem, Harald: *Die Macht der Farbe*, München (Langen-Müller) 1985
Branden, Nathaniel: *Die 6 Säulen des Selbstwertgefühls*, München (Piper) 2013.
Geschaider, Reingard/Seul, Shirley: *Charisma*, München (Gräfe und Unzer), 2. Aufl. 2011
Heller, Eva: *Wie Farben wirken*, Reinbek (Rowohlt) 2004
Heller, Jutta: *Resilienz*, München (Gräfe und Unzer) 2013
Hüther, Gerald: *Bedienungsanleitung für ein menschliches Gehirn*, Göttingen (Vandenhoeck & Ruprecht), 11. Aufl. 2012
Hüther, Gerald: *Biologie der Angst*, Göttingen (Vandenhoeck & Ruprecht), 11. Aufl. 2012
Hüther, Gerald: *Die Macht der inneren Bilder*, Göttingen (Vandenhoeck & Ruprecht), 7. Aufl. 2011
Kirschner, Josef: *Die Kunst, ein Egoist zu sein*, München (Droemer Knaur) 1999
List, Karl-Heinz: *Bewerbungskonzepte für Führungskräfte*, Nürnberg (BW Bildung und Wissen) 2003
Löhr, Julia: *Die geheimen Fragen der Personalberater*, Frankfurt a. M. (Frankfurter Allgemeine Buch) 2010
Metzinger, Thomas: *Der Ego-Tunnel*, Berlin (Berlin Verlag) 2010
Nasher, Jack: *Durchschaut*, München (Heyne) 2012
Navarro, Joe: *Menschen verstehen und lenken*, München (mvg) 2011
Püttjer, Christian/Schnierda, Uwe: *Das überzeugende Bewerbungsgespräch für Hochschulabsolventen*, Frankfurt a. M. (Campus), 10. Aufl. 2013
Rauland, Marco: *Chemie der Gefühle*, Stuttgart (Hirzel) 2001
Röhr, Heinz Peter: *Narzißmus*, München (dtv) 2005
Schmitt, Tom/Esser, Michael: *Status-Spiele*, Frankfurt a. M. (Fischer), 7. Aufl. 2010
Seidl, Conrad/Beutelmayer, Werner: *Die Marke Ich*, München (Redline), 3. Aufl. 2006
Spengler, Robert: *Menschengewinner*, München (Ariston) 2012
Strobel, Tatjana: *Ich weiß, wer du bist*, München (Droemer Knaur) 2011
Strobel, Tatjana: *Ich weiß, wie du fühlst*, München (Goldmann) 2011
Strobel, Tatjana: *Ich weiß, wer zu dir passt*, München (Arkana) 2012
Sutton, Robert I.: *Der Arschloch-Faktor*, München (Hanser) 2006
Wittblum, Monika/Lüpkes, Sandra: *Woran erkennt man ein Arschloch?*, München (Heyne) 2013